General

KOMUKAI Taro　ISHII Kaori

小向太郎＋石井夏生利［著］

Data

概説 **GDPR**

Protection

世界を揺るがす
個人情報保護制度

Regulation

NTT出版

推 薦 の 辞

前個人情報保護委員会委員長・一橋大学名誉教授
堀部政男

「簡にして要を得た」という表現は、著書・論文・プレゼンテーションなどについてときどき使われる。情報が氾濫している現代社会では、「簡にして要を得た」文献は貴重である。本書は、この言葉で表現するのに最適な著作であり、一般読者を対象にした優れた概説書である。

著者の二人は、かつて中央大学大学院法学研究科の私の研究室で学び、2007年には、博士（法学）を取得されている。私は、プライバシーや個人情報保護の制度があまり知られていない時代から研究を行い、実際の制度整備にもさまざまな形で関わってきた。わが国に個人情報に関する監督機関が設立された際には、初代の委員長に就任している。お二人とは、このような立場から、在学中はもちろん、その後も多くの機会に個人情報保護をはじめとする情報法の諸課題について議論してきた。

2012年1月25日に公表されたGDPR（General Data Protection Regulation）の提案についても折に触れて意見交換を重ね、GDPRが発効されたのが2018年5月25日であった。

複雑なGDPRについて理解を深めるためには各種のメソッドがあるが、本書では各項目の前に「ポイント」欄を設け、図表で簡潔に説明するなど工夫を凝らしている。そのうえ、説明もわかりやすい。一例を示すならば、欧州には現地法人・支店がなくともGDPRは適用される。本書では、この域外適用について、次のように書かれている。

「GDPRは、EU域外の者が、EU域内にいる人（EU市民等）を相手に商品やサービスを提供する際に取り扱われる個人情報にも、広く適用されるという立場を採っている。つまり、日本企業がEU市民等と取引をする場合には、

日本企業はGDPRの全規定を遵守することが求められる。(中略)いまどき「欧州の顧客お断り」を標榜している企業は少ないので、厳格に考えれば、ほとんどすべての日本企業が直接適用を受けることになりかねない。」

　このように全体として平易に解説しているのが本書の大きな特徴である。GDPRについては様々な角度から個別分野を含めて議論されてきているが、本書で全体像を認識し、それを踏まえて検討するのが最善の道である。

　簡にして要を得た本書は、GDPRの全体像を把握する最善の道につながる。これが本書を推薦する所以である。

は じ め に
GDPRとは何か？

「EU一般データ保護規則（GDPR：General Data Protection Regulation）」は、欧州連合（EU：European Union）における個人情報保護の新しいルールである。規則という名称からガイドラインか規約のようなものと誤解する方がいるが、法的強制力を持ち高額な制裁金が科せられることもある、強力な法律（EU法）である。

GDPRは個人情報の処理に同意を求める場合の要件を厳格に定めているため、2018年5月25日の発効直前には、欧州中の企業が、個人情報利用の同意を求めるメッセージを、顧客に頻繁に送付していた。GDPRが適用される企業の利用者であればEU域外の人にも同意を求めるメッセージが送られていたので、読者にもメール等を受け取った方がいるのではないか。

GDPRは、本来、EU域内[1]だけのローカルなルールである。にもかかわらず、世界的に甚大な影響を及ぼすと考えられているのには、3つの理由がある。

第一に、EUは、良くも悪くも個人情報保護政策をリードしてきた世界のトップランナーであり、先進的で厳格な規制を率先して導入してきた。個人情報保護制度は国や地域によってかなり違いがあるが、程度の差こそあれ、EUの個人情報保護制度から何らかの影響を受けている。ビッグデータやAIといった新たな技術に対応すべく導入されたGDPRは、今後の個人情報保護のあり方に大きな影響力を持つだろうし、日本もその例外ではない。

第二に、EUは以前から、個人情報保護が十分になされていない国や地域

---

1) 欧州連合28カ国（英国を含む）に加え、アイスランド、リヒテンシュタイン、ノルウェーのEEA欧州経済領域3カ国にもGDPRが適用されるが、本書では特に断りのない限りこれらを併せてEU域内と呼ぶ。なお、英国は2019年6月現在、EU離脱に向けた検討を続けている。

003

への個人情報の移転を原則として禁止している。GDPR成立後は、より厳格にEU域外への移転が制限されることになる。グローバル化が進むなかで、個人情報の移転ができなくなることは、国や企業の発展に深刻な打撃を与えうる。

これについて、日本とEUの間では、相互に個人情報が十分に保護されていると認めることを、2019年1月23日に決定している。これによって可能になるのは、EU域内の組織等が、日本の企業や団体に対して情報を提供することである。具体的には、日本企業がEU域内に設置している現地法人から現地従業員に関する情報を受け取ることや、EU企業が個人情報を含むデータの処理を日本企業に委託することが、個別に本人の同意を得なくても可能になる。ただし、この十分性の認定は2年後に再評価を行うこととなっており、また、一度受けた十分性認定が裁判で覆された例もあるため、日本についてもこれだけで全く不安が解消されるわけではない。

第三に、GDPRは、EU域外の者が、EU域内にいる人（EU市民等）を相手に商品やサービスを提供する際に取り扱われる個人情報にも、広く適用されるという立場を採っている。つまり、日本企業がEU市民等と取引をする場合には、日本企業はGDPRの全規定を遵守することが求められる。十分性認定を受けることで、日本の個人情報保護法を遵守していればGDPRを守らなくてもよくなるかのような誤解も一部にはあるようだが、それは正しい理解ではない。

たとえば、日本の企業がインターネット上で、欧州の顧客に商品やサービスを提供しているような場合には、GDPRが直接適用される。欧州に拠点がある企業はもちろん、少なくともウェブサイトを公開して欧州で使われる通貨や言語で取引を行っている企業や団体は、欧州に対しても開かれたビジネスを行っているため、当然ながらEU市民が顧客になる場合もある。いまどき「欧州の顧客お断り」を標榜している企業は少ないので、厳格に考えれば、ほとんどすべての日本企業が直接適用を受けることになりかねない。

日本には、十分性認定を受けられるほどの個人情報保護法（個人情報の保護

に関する法律）があるのだから、それを守っていればよいという理解がなされているかもしれない。しかし、十分性の認定は、日本とEUに同じ内容の規制があることを認めるものではない。実際にGDPRには、個人情報の処理そのものに適法化根拠が求められることをはじめ、日本にはない制度が大量に盛り込まれている。

　主なものだけでも、データ保護影響評価、データ・ポータビリティ権、プロファイリングに関係する権利等は、日本の制度には存在しない。EU市民等の情報を扱う際には、これらについて遵守していなければ、どんなに日本の個人情報保護法を遵守していても、違法行為として法執行の可能性がある。

　もちろん、EUの監督機関が、すべての日本企業についてGDPRを守っているかどうかを監督し、違反企業を摘発するなどということは考えにくい。しかし、少なくともどのような法執行の可能性があるのかを理解し、対応すべきかどうかを自身の問題として考え、判断しなくてはならない。

　GDPRに関しては、日本でも関心が高まっている。すでにいくつもの書籍が発行され、雑誌でも特集が組まれている。研究書や法務部門向けの対応マニュアルとして書かれているものでは制度の詳細な解説がされているし、一般向けの読みものではGDPRの生まれてきた背景を含めて紹介しているものが多い。しかし、一般のビジネスパーソンがストレスなく通読して、GDPRの内容やその影響について概略を正確に理解するのは難しいように思われる。

　そこで、本書は、EUの個人情報保護制度に関心を持っている人を広く読者として想定した。GDPRが一体どのような制度なのか、日本の企業や組織にどのような影響を与えうるのかといったことを、逐条的な解説ではなく、できるだけコンパクトにわかりやすく説明することを心がけた。

　GDPRは、欧州の歴史の中で生まれた、世界でも突出した個人情報保護制度である。様々な課題に先進的に取り組もうとしているが、こうしたルールが適用される世界は誰もが未経験であり、EU自身も試行錯誤の段階にあ

はじめに：GDPRとは何か？　　005

る。何より強調すべきは、必要以上に心配する必要も、理想の個人情報保護制度として祟め立てる必要もない、ということである。本書がそうした観点から、GDPRの基本的な性格を理解する助けになれば幸いである。

小向太郎＋石井夏生利

概説 GDPR
世界を揺るがす個人情報保護制度

目次

推薦の辞　堀部政男（前個人情報保護委員会委員長・一橋大学名誉教授）001

はじめに　GDPRとは何か？　003

第 1 章

GDPRとは何か

1.1 GDPRはなぜ導入されたのか ——————————— 014

1.1.1 ▸ GDPR導入の経緯　014

1.1.2 ▸ EU法の概要　017

1.1.3 ▸ 国際的動向　019

1.2 GDPRの構成と規制対象 ——————————— 023

1.2.1 ▸ GDPRの条文構成　023

1.2.2 ▸ 規制対象　027

1.2.3 ▸ 匿名化と仮名化　030

1.3 | 誰が影響を受けるのか ——————————————— 033

1.3.1 ▸ 日本企業と GDPR　033

1.3.2 ▸ 適用と執行　038

1.3.3 ▸ 越境データ移転　041

第 **2** 章

GDPRの規制内容——本人の権利と管理者の義務

2.1 | 基本的な考え方 ——————————————————— 050

2.1.1 ▸ 基本原則　050

2.1.2 ▸ 個人データ処理の適法化根拠　052

2.1.3 ▸ 「適法な利益」とは何か　056

2.1.4 ▸ 同意が有効になる条件　060

2.1.5 ▸ 特別な情報 (子供の情報とセンシティブ情報)　064

2.1.6 ▸ eプライバシー指令とeプライバシー規則案　068

2.2 | GDPRによって保護されている権利 ——————————— 074

2.2.1 ▸ 本人の諸権利と情報提供の透明性　074

2.2.2 ▸ 情報提供およびアクセス権　078

2.2.3 ▶ 削除権（「忘れられる権利」） 082

2.2.4 ▶ データ・ポータビリティの権利 085

2.2.5 ▶ 異議申立権、自動処理決定（プロファイリング関係） 093

2.3 管理者の義務 ——————————————————————— 099

2.3.1 ▶ 管理者・処理者の一般的義務 099

2.3.2 ▶ 処理の安全性 105

2.3.3 ▶ データ侵害通知 106

2.3.4 ▶ データ保護影響評価 112

2.3.5 ▶ データ保護責任者 121

第 **3** 章

法執行の仕組みと求められる具体的対応

3.1 執行体制 ——————————————————————————— 132

3.1.1 ▶ 独立の監督機関 132

3.1.2 ▶ 協力および一貫性 136

3.2 | 制裁措置 ──────────────── 139

3.2.1 ▶ 救済制度　140

3.2.2 ▶ 行政上の制裁金　141

3.3 | 国内企業に求められる対応 ──────── 151

3.3.1 ▶ EUに拠点のある企業　151

3.3.2 ▶ EUに拠点のない企業　154

（対談）**GDPRと個人情報保護制度の行方**　161

　おわりに　175

　索引　177

第 1 章

GDPRとは何か

1.1 | GDPRはなぜ導入されたのか

1.1.1 ▸ GDPR導入の経緯

> **ポイント**
> - EUは、個人情報に関して歴史的に強いトラウマがあるともいわれ、1970年代から厳格な個人情報保護制度を導入・発展させている。
> - EUは、個人データの保護を、欧州連合基本権憲章に掲げ、欧州における基本的な人権として位置づけている。
> - EU加盟国以外にも、EU域内の個人データの保護を求め、国際的な通商交渉等においてこれに関する譲歩はできないもの（non-negotiable）と主張している。
> - GDPRの導入は、非関税障壁であるという国際的な非難を封じつつ、他国の巨大IT企業がEU市民等の情報を利用することを牽制し、EU域内のデジタル単一市場の発展を促すという、EU経済圏としての重要な戦略的政策でもある。

　欧州は、厳格な個人情報保護制度を持つことで知られている。その背景として、第二次世界大戦時にナチスドイツによるユダヤ人への迫害があったことなどがよく挙げられる。これに限らず、民族、宗教、信条、出自等に基づく差別は、個人情報の最もグロテスクな利用方法である。ヨーロッパでは差別や迫害の歴史への反省から、個人情報に関わる人権保護についての意識が

高いとされる。こうした歴史的経緯が、EUを積極的な個人情報保護制度の導入に駆り立ててきた。

1950年に調印（1953年発効）された欧州基本権条約（人権と基本的自由の保護のための条約）[1]には、「私生活および家庭生活の尊重を受ける権利（第8条）」として、「すべての者は、その私的および家族生活、住居ならびに通信の尊重を受ける権利を有する。（第1項）」と規定しており、これが欧州におけるプライバシー保護の基本的な考え方とされている。

1960年代、コンピュータによるデータ処理等での新しい問題が生じてきたことを受け、欧州諸国では、スウェーデンの1973年データ法を皮切りに、個人データ[2]を保護するための法律が制定された。多くの国で、ひとつの法律で国・地方公共団体等の公的部門と民間部門の両方を対象とする法律が制定され、専門の監督機関を置いて規制を行う体制が整備されてきた。

その一方で、EUによる欧州統合が進められ、1995年には「個人データ処理に係る個人の保護及び当該データの自由な移動に関する欧州議会及び理事会の指令（95年個人データ保護指令）[3]が採択された。この指令は、広く個人情報一般を保護の対象として、EU域内で求められる個人情報保護のレベルを定め、加盟国にこれに応じた立法を求めるものであった。この指令を改正したのがGDPRである。

2000年のEU基本権憲章[4]では、第7条に欧州基本権条約と同じ「私生活および家庭生活の尊重を受ける権利」が定められ、第8条には「個人データ

---

[1] Council of Europe, European Convention on Human Rights and Fundamental Freedoms, https://www.echr.coe.int/Documents/Convention_ENG.pdf

[2] 本書では、EU等の制度で使われている "personal data" の訳語として「個人データ」を用いることにする。日本法について述べるときは、個人情報保護法で定義されている「個人情報」「個人データ」等の用語をそのまま用いる。特定の国の制度ではなく、一般的に個人情報や個人情報保護について述べるときは、「個人情報」「個人情報保護」を用いる。

[3] The Euroean Union, 95/46/EC of 24 October 1995 on the protection of individuals with regard to the processing of personal data and on the free movement of such data, https://eur-lex.europa.eu/legal-content/EN/TXT/?uri=CELEX%3A31995L0046

の保護」として、次のような規定が置かれている。

第8条（個人データの保護）
① 何人も、自分に関する個人データの保護を受ける権利を有する
② そのようなデータは、その情報の当事者の承諾か、その他の法定の適法な根拠に基づいて、限定された目的のために、公正に取り扱われなければならない。何人も、自分に関して収集されたデータに対してアクセスする権利および情報を訂正する権利を有する
③ これらのルールの遵守は、独立の機関による監督を受けなければならない

　2016年4月には、EU域内の個人データ保護をさらに推進するために「個人データの処理に係る個人の保護及び当該データの自由な移動に関する欧州議会及び理事会の規則（GDPR）」[5] が採択され、2018年5月25日に加盟国への適用が開始された。これによって、加盟国に立法を求める「指令」から、直接適用される「規則」に変更されるとともに、環境の変化に対応するための保護規定が追加されている。
　個人データは、国際的に流通する性格のものであり、国家間との取引においても、個人データのやり取りは不可避である。そこでEUは、EU加盟国以外にもEU域内の個人に対する保護を求め、国際的な通商交渉等においてこれに関する譲歩はできないもの（non-negotiable）であると主張している[6]。情報技術の進展によって、個人情報に起因する問題の深刻さが増している。

---

4) Charter of Fundamental Rights of the European Union, 7 December 2000. 2009年にリスボン条約が発効したことを受けて、基本権憲章は欧州連合基本条約と同等に位置づけられている。

5) The European Union, Regulation (EU) 2016/679 of the European Parliament and of the Council of 27 April 2016 on the protection of natural persons with regard to the processing of personal data and on the free movement of such data, and repealing Directive 95/46/EC, https://eur-lex.europa.eu/legal-content/EN/TXT/?uri=celex%3A32016R0679

なんらかの対策が必要だという意識は、EU以外の国や地域でも広く共有されている。そうしたなかで、EUは先鋭的な個人データ保護制度を率先して導入し、欧州が（ひいては人類全体が）守るべき普遍的価値を実現するものだという理念を広げようとしている。

　そして、この制度や理念を推進することは、EU域内の経済発展等の利益にも資すると考えられている。つまり、EUにとって個人データ保護制度は、非関税障壁であるという国際的な非難を受けることなく、他国の巨大IT企業がEU市民等の情報を利用することを牽制し、EU域内のデジタル単一市場の発展を促すという、EU経済圏としての重要な戦略的政策にもなっているのである。

1.1.2 ▸ EU法の概要

> **ポイント**
> ● EUは、基本条約によって設立・運営される国家連合であり、同条約に基づいてEU法を制定することができる。
> ● 「規則」は、直接的な拘束力を持つ最も強力なものと位置づけられ、加盟国および加盟国内にいる者に対して、直接適用される。

　EUは、EUの基本条約（EU条約およびEU機能条約）によって設立、運営され、加盟国によって構成される機関である。EUでは、基本条約によって加盟国の主権の一部がEUへ移譲され、主権が移譲された政策分野においては、加盟国に代わってEUが権限を行使する。

---

6) Jean-Claude Juncker, A New Start for Europe: My Agenda for Jobs, Growth, Fairness and Democratic Change, https://ec.europa.eu/commission/sites/beta-political/files/juncker-political-guidelines-speech_en.pdf

表1-1

EU法（二次法）の種類

(1) 規則（Regulation）	加盟国の国内法に優先して、加盟国の政府や企業、個人に直接適用される。そのため、加盟国の国内立法を必要とせず、加盟国の政府等に対して直接的な法的拘束力が及ぶ。
(2) 指令（Directive）	政策目標と実施期限が定められ、各加盟国の政府に、期限内に政策目標を達成するために国内立法等の措置をとることが義務付けられる。ただし、措置の具体的な内容は各加盟国に委ねられる。EU域内の企業や個人には直接適用されない。
(3) 決定（Decision）	特定の加盟国の政府や企業、個人に対して直接適用される。対象となる加盟国の政府等に対しては直接的な法的拘束力を及ぼす。
(4) 勧告 （Recommendation）	加盟国の政府や企業、個人などに一定の行為や措置をとることを期待する旨の、欧州委員会による意思表明。原則として法的拘束力はない。
(5) 意見（Opinion）	特定のテーマについての欧州委員会の意思表明。原則として法的拘束力はない。

出典：国立国会図書館リサーチ・ナビ「EU法について」（https://rnavi.ndl.go.jp/politics/entry/eu-law.php）を参考に筆者作成

　基本条約とその付属議定書および付属文書は、一次法（Primary Legislation）と呼ばれ、全てのEU法の効力を保障する根拠になっている。EU基本権憲章、EU司法裁判所が依拠する法の一般原則なども、これらと同様の効力を持つとされている。

　そして、基本条約を根拠として、(1) 規則、(2) 指令、(3) 決定、(4) 勧告、(5) 意見といった二次法（Secondary Legislation）が制定されている（表1-1）。

　GDPRは「(1) 規則」にあたり、効力発生と同時に、加盟国の国内法に優先して、加盟国内の企業や個人を直接拘束する。

1.1.3 ▸ 国際的動向

> **ポイント**
> ● 個人情報保護制度の整備については欧州が先導してきたが、情報技術の発展等に起因する個人情報に関する懸念は世界的に広まっており、欧州以外の国でも個人情報保護制度を整備する国が増えている。
> ● ビジネスの自由を重視し、個人情報の保護については事業者等の自主規制を基本としてきた米国でも、スノーデン事件やフェイスブックの情報漏えい事件等の衝撃は大きく、個人情報保護の必要性が強く意識されるようになっている。
> ● 特にカリフォルニア州では、独自の州法が制定されており、連邦レベルでの包括的な個人情報保護制度整備の必要性も主張されている。

　欧州は世界に先駆けて個人情報保護制度を整備してきた。しかし、情報技術の発展によって生じる個人情報に関する懸念は、欧州に限らず世界中で急速に高まっている。国際的な議論が活性化するとともに、欧州以外の国でも個人情報保護制度を整備する国が増えている。

　各国の個人情報保護監督機関による議論の場として毎年開催されているデータ保護プライバシー・コミッショナー国際会議（ICDPPC: the International Conference of Data Protection and Privacy Commissioners）[7]の参加国も、年々増加している。2018年の正式メンバーは76カ国から121の組織にまでのぼり、欧州だけでなく、北米、南米、アジア、オセアニア、アフリカ等、世界中からの参加がある。

---

[7]　各国の個人情報保護監督機関、政府機関、事業者および研究者等が参加し、国際的な個人データ保護の促進や強化等についての議論や情報交換を行う会議。日本は、2017年からこの正式メンバーと認められている。

第1章　GDPRとは何か　019

米国は、主要国の中でも、基本的にビジネスの自由を重視し、個人情報保護でも自主規制を尊重してきた。しかし近年では、米国でも特に消費者プライバシーに関して、積極的な政策提言や法執行が行われている。

　特に、消費者プライバシーを所掌する連邦取引委員会（FTC: Federal Trade Commission）は、プライバシーに関する問題について、積極的な法執行を行っている。

　FTC法5条は、「商業活動に関わる不公正な競争手段と、商業活動に関わる不公正または欺瞞的な行為または慣行は、違法であることがここに宣言される」と規定している。FTCは、この条文を根拠として[8]、個人情報保護が不十分な企業に対して、業務の改善を命じたり、課徴金を科すなどしている。

　ITサービスに関するものとしては、十分な情報セキュリティ対策を行っていなかったことや、自社のプライバシー・ポリシーや利用規約を守っていなかったこと（個人情報の利用を拒否できるかのように記述しているにもかかわらず、実際は拒否できない設定となっているなど）を問題としているケースが多い。

　連邦制を採用している米国では、各州の州法がプライバシーや個人情報に関するルールを定めている場合も多い。特にカリフォルニア州は、州憲法に「プライバシー権」を掲げ、積極的なプライバシー保護政策を進めてきたことで知られる。

　例えば、2002年には世界に先駆けてデータ侵害通知の法制化が行われている。これは、個人情報を取り扱っているシステムがハッキングされたり、個人情報の漏えいが確認されたりした場合に、本人への通知や州の規制当局への報告を義務付けるものであり、GDPRにも類似の制度が導入されてい

---

8) どのような行為が「不公正または欺瞞的な行為または慣行」に当たるのかは、情報の取得形態、利用形態、利用目的の周知公表状況、同意取得やオプトアウトの有無等を考慮して個別に判断されているものと考えられる。小向太郎「米国FTCの消費者プライバシーに関する法執行の動向」堀部政男編著『情報通信法制の論点分析』商事法務(2015)151-162頁参照。

表1-2

カリフォルニア州消費者プライバシー法の概要

主な項目	概要
開示請求権	消費者は、事業者が収集した個人情報の種類・個別情報等の開示を、無償で求めることができる（12カ月に2回まで）。個別情報を電子的手段により提供する場合、消費者が支障なく他の事業者に移行できるように、また技術的に可能な限り、移行しやすいフォーマットで提供しなければならない。
消去請求権	消費者は、事業者が収集した自己の個人情報の消去を求めることができる（商品やサービスの提供に必要な場合等正当な事由がある場合は除外）。
オプト・アウト	消費者は、自己の個人情報の販売停止を求めることができる。このようなオプト・アウトが行いやすい仕組みをウェブ等に設けなければならない。対象となる消費者が16歳未満であることを知っている場合には、本人または親権者が積極的に許可した場合でなければ販売することができない。
差別禁止	消費者が本法に基づき、開示、消去、オプト・アウト等を求めたことを理由に、商品やサービスの提供を拒否したり、不利な扱いをしてはならない。

出典：California Consumer Privacy Act of 2018の条文をもとに筆者作成

る。最近でも、2018年消費者プライバシー法[9]や、IoT機器のセキュリティ強化を義務付ける規制など、先進的な法制度が導入されている。

　特に消費者プライバシー法は、個人情報を包括的に保護する立法例として注目されている。この法律の主な内容は表1-2のとおりである。

　個人情報保護に関する議論が活発になっているのは、ビジネスが消費者から支持を受けるために、個人データの保護が必要であるという認識が徐々に強まった結果である。いわゆるスノーデン事件[10]や、フェイスブックの情報漏えい事件[11]によって、このような傾向が決定的になった。

---

[9]　California Consumer Privacy Act of 2018, https://oag.ca.gov/privacy/ccpa

[10]　2013年6月、米国中央情報局（CIA）や国家安全保障局（NSA）に勤務していたエドワード・スノーデンが、米国政府による個人のインターネット利用情報の収集を暴露した事件。

[11]　この事件では、データ分析企業であるCambridge Analytica社が、ある研究者の開発した性格診断アプリを通じて収集された個人情報を不正に購入し、2016年に行われた英国のEU離脱に関する国民投票や、アメリカ大統領選で利用したことが疑われている。利用されたFacebook利用者の個人情報は、約8,700万件に達すると言われる。

ただし、トランプ政権は個人情報保護への関心が薄いとも言われており、実際に連邦レベルでこのような包括法が成立するかどうかは不透明ではある。また、米国の規制は、基本的に個人情報の利用によって生じうる弊害の除去にフォーカスしたプラクティカルな保護制度であり、欧州の理想主義的な制度とは一線を画している。あくまで「消費者」の保護を目的に、個人情報の利用目的等による制限をせず、オプト・アウトによって本人の意思を反映しようとしていることなどに、その傾向がよく表れている。

　このように、地域による温度差はあるが、欧米以外の地域でも個人情報保護に関する法律を整備する国が増えており、個人情報保護への関心の高まりは世界的な潮流になっている。2018年にブリュッセルで開かれたICDPPCには、アップル、フェイスブック、グーグルの各経営者が参加し、米国にも連邦レベルの個人情報保護制度が必要だという趣旨の発言をしている。

　個人情報保護制度に関する主導権争いでは、好むと好まざるとにかかわらず、今のところ欧州の主張が支持される方向にある。2019年1月にブリュッセルで開催されたCPDP2019（Computer, Privacy & Data Protection）というデータ保護関係者が多く集まる欧州の会議でも、EU外の第三国がGDPRに倣った規制を設けていることなどを報告していた。日本の企業も、このような傾向を認識して対応に当たる必要がある。

　また、2015年に改正された日本の個人情報保護制度も、改正法の施行から3年ごとの見直しが予定されており[12]、いっそうのグローバル対応が求められることは避けられない。現在のところ、EUとわが国の個人情報保護制度には異なる点も多く、単純にEUの制度を取り入れることは難しい面がある。制度間で大きな齟齬が生じる場合にはこれを解消することも必要であるが、同時に日本の実状に合わないものになったりしないよう、確固たる戦略を持って取り組むことが望ましい。

12）　個人情報保護法附則12条3項。

1.2 | GDPRの構成と規制対象

1.2.1 ▶ GDPRの条文構成

ポイント
- GDPRの条文は、第1条から第99条まであり11章に分かれている。条文に先立って、長大な前文（Recital）が記載されており、条文を解釈するにあたっては、前文に書かれている背景や意図への配慮が必要である。
- GDPRが特に重点を置いているのは、「個人の権利の強化」「EU域内市場の強化」「規則の強化の保障」「個人データの国際移転の簡素化」「グローバルなデータ保護水準の設定」である。
- GDPRの解釈・運用については、EUにおける個人データ保護に関する諮問機関である欧州データ保護会議（EDPB：European Data Protection Board）が指針を示している。

GDPRの条文は表1-3のような構造になっている。

欧州委員会が一般向けに公表しているGDPRに関するQ&A[13]では、GDPR制定におけるポイントとして、次のような項目が挙げられている。

- 個人の権利の強化
- EU域内市場の強化

---

13) European Commission, Questions and Answers – Data protection reform package, http://europa.eu/rapid/press-release_MEMO-17-1441_en.htm

表1-3

GDPRの全体構成

章立て	規定内容	ポイント
第 1 章 一般規定	対象、適用範囲、定義等	EUに関わる個人データに広く適用される。
第 2 章 基本原則	基本原則(適法性・公正性・透明性、目的の限定、データの最小化、正確性、記録保存の制限、完全性および機密性)、同意の条件、子供の情報・センシティブデータ等	個人データの処理には、本人(データ主体)の同意を含む正当化事由が必要となり、同意は本人の意思を反映したものでなくてはならず、本人はいつでも撤回できる。
第 3 章 本人の権利	透明性および手順、アクセス権、訂正および消去、データ・ポータビリティ、異議申立権・プロファイリング	本人は自分に関するデータにアクセスし、訂正・消去や、他のプラットフォームへの移転ができる。同意に基づかない処理に対しては異議申し立てができ、個人データを使った自動処理で重要な決定を行うことは禁止される。
第 4 章 管理者および 処理者	一般的な義務、安全性、データ保護影響評価、個人データ侵害通知、データ保護責任者、行動規範と認証	管理者と処理者は、安全に個人データを処理しなければならない。管理者はGDPRの遵守と説明責任を負う。
第 5 章 第三国または 国際機関への 個人データの 移転	一般原則、十分性認定、適切な保護に従った移転、拘束的企業準則(BCRs:Binding Corporate Rules)、国際協力等	EUが十分なレベルの保護と認めた国以外の第三国への個人データの移転は原則として許されない。
第 6 章 独立監督機関	独立的地位、権限、職務	データ保護のため監督機関は独立した権限をもつものでなければならない。
第 7 章 協力と一貫性	監督機関間の協力、一貫性メカニズム、欧州データ保護会議	監督機関の間の連携や欧州としての規制の統一性を図る仕組みが整備される。
第 8 章 救済、法的責 任および制裁	規制に対する異議申し立て、司法的救済、制裁金等	巨額の制裁金をはじめとして、具体的な救済措置が整備されている。
第 9 章 特定の処理の 状況と関係す る条項	表現の自由、公文書、国民識別番号、被雇用者、公共の利益、守秘義務、宗教関連等	特別な配慮が必要な情報について、加盟国法で利用できる範囲が示される。
第10章 委任行為およ び実装行為	委任行為の執行、委員会の手続	GDPRの執行に関する欧州委員会の権限が示される。
第11章 最終規定	EUの他の制度との関係	95年個人データ保護指令はGDPRに改正され、関連規則も必要部分が変更される。

出典:GDPRの条文をもとに筆者作成

- より強力な執行の確保
- 個人データの国際移転の簡素化
- グローバルなデータ保護水準の設定

　個人の保護と規制を強化し、EUスタンダードの個人データ保護をグローバルに展開することで、EU経済の強化を図るという目標が、明確に示されていることがわかる。

　特に、ITビジネスに関しては、モバイルアプリによって自分のデータを取得され企業に利用されることを恐れるEU市民が多いことを例にあげて、「忘れられる権利」「データへのアクセスの容易性」「データ・ポータビリティの権利」「データ侵害通知」「データ保護・バイ・デザイン、データ保護・バイ・デフォルト」といった制度によって、こうした不安を払拭していくことが企図されていると説明している。巨大IT企業によるデータ利用を牽制するという姿勢も、明確に表れている。

　EUの規則や指令には、その背景を説明するために前文が記載されていることが多い。GDPRでもその条文に先立って、173パラグラフに渡る長大な前文が記載されており、条文を解釈するにあたっては、前文に書かれている背景や意図を考慮することが求められる。さらに、具体的な解釈・運用に際しての指針がEUの機関によって示されている。

　95年個人データ保護指令のもとでは、「個人データの処理に係る個人の保護に関する作業部会（第29条作業部会）」[14]が、EUにおける個人データ保護の指針を示してきた。GDPRが効力を開始したあとは、これを改組した欧州データ保護会議（EDPB）[15]が、GDPRの解釈に関する指針を公表してい

---

14) 監督機関または各加盟国が指名した代表者、EUの機構等の代表者、欧州委員会の代表者で構成される諮問機関。
15) 加盟国の監督機関および欧州データ保護観察官（European Data Protection Supervisor, EDPS）で構成され、29条作業部会と同様の諮問機関としての役割を担うとともに、加盟国の監督機関間の調整等のために拘束力のある決定を採択する権限を有する。

表1-4

EDPBにより採択・承認された主な指針[16]

ガイドライン名	位置づけ
オンラインサービスに関する第6条1項 (b) 号 (契約等の履行への必要性) の適用に関するガイドライン (パブリックコメント版)	2019年4月採択
行動規範と監視団体に関するガイドライン (パブリックコメント版)	2019年2月採択
認証機関の認定 (第43条) に関するガイドライン (パブリックコメント版)	2018年12月採択
地理的適用範囲 (第3条) に関するガイドライン (パブリックコメント版)	2018年11月採択
特別の状況における例外 (第49条) に関するガイドライン	2018年5月採択
認証と認証基準の明確化 (第42条、第43条) に関するガイドライン	2019年1月採択
同意に関するガイドライン (WP259 rev.01)	第29条作業部会のものを承認
透明性に関するガイドライン (WP260 rev.01)	第29条作業部会のものを承認
自動処理による個人に関する決定およびプロファイリングに関するガイドライン (WP251 rev.01)	第29条作業部会のものを承認
個人データ侵害通知に関するガイドライン (WP250 rev.01)	第29条作業部会のものを承認
データ・ポータビリティ権に関するガイドライン (WP242 rev.01)	第29条作業部会のものを承認
データ保護影響評価 (DPIA：Data Protection Impact Assessment)、および処理が「高いリスクをもたらすことが予想される」か否かの判断に関するガイドライン (WP248 rev.01)	第29条作業部会のものを承認
データ保護責任者 (DPO：Data Protection Officer) に関するガイドライン (WP243 rev.01)	第29条作業部会のものを承認
管理者または処理者の主監督機関を特定するためのガイドライン (WP244 rev.01)	第29条作業部会のものを承認
十分性に関する参照事項 (WP254 rev.01)	第29条作業部会のものを承認
制裁金の適用および設定に関するガイドライン (WP253)	第29条作業部会のものを承認

出典：EDPB, GDPR: Guidelines, Recommendations, Best Practices (https://edpb.europa.eu/our-work-tools/general-guidance/gdpr-guidelines-recommendations-best-practices_en) をもとに筆者作成

---

16) ガイドラインは、欧州委員会のウェブサイトで公表されている。https://edpb.europa.eu/our-work-tools/general-guidance/gdpr-guidelines-recommendations-best-practices_en また、個人情報保護委員会がガイドラインの仮日本語訳を作成しており、委員会のウェブサイト「GDPR(General Data Protection Regulation：一般データ保護規則)」で公表している。https://www.ppc.go.jp/enforcement/cooperation/cooperation/GDPR/

る。2018年12月までにEDPBに採択された指針と、EDPBに承認された第
29条作業部会の指針は、表1–4のとおりである（パブリックコメント用に公開さ
れているものを含む）。

1.2.2 ▸ 規制対象

> **ポイント**
> ● GDPRが直接の規制対象としているのは、個人データを処理する目的
> および方法を決定する「管理者」である。
> ● 管理者のために個人データの処理を行う「処理者」に対しては管理者
> が適正な処理を行わせる責任を負う。ただし、処理者にも遵守すべき
> 義務規定がある。
> ● GDPRが保護の対象とする個人データは、ある一人を選び出すことの
> できる情報であり、広範な情報が個人データとみなされる。
> ● 日本では必ずしも個人情報に該当しないとされる「携帯電話番号」
> 「IPアドレス」「cookie」等も個人データに該当する。

　GDPRが直接の規制対象としているのは、「管理者」であり、「管理者」
とは、個人データ処理の目的および手段を決定する者である[17]。これに対
して「処理者」は、管理者のために個人データを取り扱う者を指す[18]。管
理者と処理者は、日本の個人情報保護法における「個人情報取扱事業者」と
「委託者」に近いイメージであるが、GDPRの「処理者」は、管理者から委
託を受けて個人データを処理する者だけでなく、広く管理者のために個人

---

17) 「単独でまたは他者と共同して、個人データの処理の目的及び手段を決定する自然人、
　　法人、公的機関、当局又は他の団体（第4条7項）」。
18) 「管理者のために個人データを取り扱う自然人、法人、公的機関、当局又は他の団体
　　（第4条8項）」。

第1章　GDPRとは何か　　027

データを処理する者が含まれる。

　GDPRが保護の対象とする個人データは、「識別 (identify) された、または識別可能な自然人 (「データ主体」=「本人」) に関するあらゆる情報」である。ごくありふれた情報も含めて、およそ個人に関連する情報は広く射程に入る。

　そして、識別可能とは「直接的であるか間接的であるかを問わず、特に識別子を参照することで識別できる」ことをいう。識別と認められるのは、多くの人のなかから、その人物が集団の他のすべての構成員から「一人選び出される (single out)」ときであり、通常、「識別子」と呼ばれる特定の情報によって可能になる[19]。GDPRでは、識別子[20]の例として、氏名、識別番号、位置データ、オンライン識別子が列挙されている (第4条1項)。オンライン識別子には、IPアドレス、cookie、RFIDタグなどがある。

　直接的な識別子の代表が人の氏名であるが、氏名があれば必ず識別可能であるとは限らない。例えば、鈴木一郎という名前の人が日本に何人いるかという情報は、個人データではない。単独で個人を識別できる直接的な識別子がなくても、組み合わせによって識別可能になる場合がある。

　もし、東京都中央区築地に住んでいるA社の社員が一人であれば、「築地のA社社員」に関する情報は個人データとなる (わかりやすくするため日本の例を挙げたが、もちろんEU域内の者が対象となる)。また、他の情報と組み合わせることで復元できる仮名データには、間接的な識別可能性が認められる。なお、死者の個人データに対してGDPRの適用はないが、加盟国が死者の個人データの処理に関して規律を定めることができる (前文 (27) 項)。

　わが国の個人情報保護法における「個人情報」は、当該情報に含まれる氏名、生年月日その他の記述等により特定の個人を識別することができるもの (容易照合性のあるものを含む) および個人識別符号が含まれるものと定義され

---

19) 第29条作業部会「個人データ概念に関する4/2007意見 (WP136)」2007年6月20日。
20) 「名前、識別番号、位置情報、オンライン識別子や、その人物の物理的、生理的、遺伝子的、精神的、経済的、文化的または社会的な固有性として、単独または複数の組み合わせによって特定される要素 (第4条1項)」。

表1-5

個人情報の定義

	GDPR（EU）	個人情報保護法（日本）
定義	識別（identify）された、または識別可能な自然人に関するあらゆる情報（直接的であるか間接的であるかを問わず特に識別子を参照することで、識別されるもの）	当該情報に含まれる氏名、生年月日その他の記述等により特定の個人を識別することができるもの（容易照合性のあるものを含む）および個人識別符号が含まれるもの

出典：GDPR、個人情報保護法の条文をもとに作成

表1-6

識別子と個人情報（個人データ）該当性

識別子	GDPR（EU）	個人情報保護法（日本）
cookie	○	×
IPアドレス	○	×
携帯電話番号	○	×
メールアドレス	△＊	△＊

＊メールアドレスから組織と氏名がわかるような場合は、これを含む情報は個人情報に該当する。
出典：GDPR、個人情報保護委員会ガイドライン等をもとに筆者作成

ている[21]。「識別することができる」や「容易照合性」は、GDPRの「識別可能」にくらべて、やや範囲が限定されると考えられている。

　例えば、cookie、IPアドレス、携帯電話番号、メールアドレスなどを含む情報は、GDPRでは疑いなく個人データに該当するが、わが国の個人情報保護法では、cookie情報の他に特定の個人を識別できる記述がない情報は、個人情報には該当しない。

21）　条文上、生存する個人に関する情報であって、「当該情報に含まれる氏名、生年月日その他の記述等により特定の個人を識別することができるもの（他の情報と容易に照合することができ、それにより特定の個人を識別することができることとなるものを含む）」か「個人識別符号が含まれるもの」のいずれかに該当するものと定義されている（個人情報保護法第2条1項）。

第1章　GDPRとは何か　　029

1.2.3 ▸ 匿名化と仮名化

ポイント

- GDPRにおける匿名化とは、識別可能性のない情報にすることをいう。匿名化された情報は個人データに該当せず、GDPRの対象とならない。
- これに対して、仮名化とは、個人データを単独では本人（データ主体）が誰だかわからない状態に加工し、識別可能にする追加情報と照合されないようにすることをいう。仮名化された情報は個人データであり、GDPRの適用を受ける。

GDPRには、匿名化と仮名化という2つの言葉が出てくる。匿名化とは、本人を識別できないようにすることを指し、匿名化されたデータは個人データに該当せず、GDPRの対象にならない（前文 (26) 項）とされている。つまり、匿名化とは、個人データの要件である「識別 (identify) された、または識別可能な自然人に関するあらゆる情報」に当たらない状態にすることである。その情報から、ある個人一人が選び出されることがありえない場合にのみ、匿名化された情報と認められる。

それぞれの情報が一人の個人と実質的に対応している限り、このような状態にすることは、現実にはかなり困難である。豊富な個人データセットから真に匿名化されたデータセットを作ることはきわめて難しく、匿名化技術には限界があることも指摘されている。確実に匿名化されていると言えるのは、個々の人間に関する情報を含まない統計情報のようなものに限られる。

これに対して仮名化は、「当該追加情報が別に管理され、個人データを識別されまたは識別され得る自然人に帰属させないことを保障するための技術的・組織的措置に服することを条件に、追加情報を利用しないと、個人データをもはや特定の本人に帰属させることのできない態様による個人データの

処理」と定義される（第4条5項）。たとえば、その情報だけでは識別可能性がないようにするために、個人データから識別子等を削除したりすることがこれに当たる。追加情報を利用することで自然人に帰属させることのできる仮名化された個人データは、個人データとして、GDPRの適用を受ける。

　匿名化と仮名化の対比からもわかるように、匿名化といった場合には、再識別の可能性がないようにすることを指している。追加情報を利用することで識別可能な情報は、匿名化された情報とはみなされない。ただし、どんな技術を使って、どの程度識別可能性を減少させれば、十分な匿名化といえるかについて、明確な基準が示されているわけではなく、ケース・バイ・ケースで判断されることになる[22]。

　ところで、仮名化してもGDPRの適用を受けるのであれば、何のために仮名化を行うのであろうか。個人データを仮名化することは、本人へのリスクを低減し、管理者および処理者によるデータ保護義務遵守に役立てることができるからである。例えば、追加情報を確実に分離し、安全保護措置を講じれば、同じ管理者内で仮名化措置を講じて一般的な分析を行うことが認められる（前文（29）項）。

　なお、日本の個人情報保護法に「匿名加工情報」という制度がある。この制度は、一定の条件のもとで適正な匿名加工を行うことで本人の同意がなく

---

[22]　第29条作業部会「匿名化技術に関する05/2014意見（WP216）」（2014年4月10日）は、匿名化に関するいくつかの技術（ノイズ付加、置換、差分プライバシー、集約およびk-匿名性、l-多様性及びt-近似性、仮名化）について、個人に関する記録の選別（singling out）、同じ個人に関する記録の紐付け（linkability）、個人に関する推定（inference）という3つのリスクから分析を行い、利点、過誤、欠点などを整理している。管理者が元データを残しつつ、データセットから識別可能データを除去し、またはマスキングを施すなどして譲渡した場合に、元の生データにアクセスできる者がいる限り、残りのデータセットはいまだ個人データであること、管理者が個別事象レベルではもはや識別できない段階までデータを集約させた場合に限り、残りのデータは匿名化したと評価できることを述べている。これは、「普通に考えれば再識別不能な状態にすることが匿名化だ」と言っているだけであり、明確に匿名化と仮名化の境界線が引かれているわけではないことにも、注意が必要である。

ても第三者提供等ができるようにするものである。ビッグデータ等の新しい技術による情報の利活用を促進するために、2015年の改正で導入された。

　匿名加工情報は、①特定の個人を識別できないように個人情報を加工して得られる個人に関する情報であって、②当該個人情報を復元できないようにしたものを言うが、①②ともに、通常人の能力を基準とするものであり、「いかなる方法を持ってしても、絶対に特定の個人を識別できないこと、特定の個人を復元できないことまでを要求するものではない」とされている[23]。

　また、後述の個人情報保護委員会「個人情報の保護に関する法律に係るEU域内から十分性認定により移転を受けた個人データの取扱いに関する補完的ルール」では、「EU域内から十分性認定に基づき提供を受けた個人情報については、個人情報取扱事業者が、加工方法等情報（匿名加工情報の作成に用いた個人情報から削除した記述等、および個人識別符号ならびに法第36条1項の規定により行った加工の方法に関する情報（その情報を用いて当該個人情報を復元することができるものに限る）をいう）を削除することにより、匿名化された個人を再識別することを何人にとっても不可能とした場合に限り、法第2条9項に定める匿名加工情報とみなすこととする。」という規定が追加されている。

　つまり、日本法のもとで作成された匿名加工情報は、GDPRにおける匿名化された情報とは異なるものであり、上記の追加的な条件を満たさない限り、GDPRにおいては仮名化された個人データとして扱われることになる。

23）宇賀克也『個人情報保護法の逐条解説』有斐閣、第6版（2018年）88頁。

1.3 │ 誰が影響を受けるのか

1.3.1 ▸ 日本企業とGDPR

> **ポイント**
> ● EU域内に拠点をもち、その拠点での活動の過程で個人データを処理する企業に対しては、GDPRが直接適用される。
> ● EU域内に拠点がなくても、EU域内にいる者に対して商品やサービスを提供している場合や、EU域内の本人（データ主体）の行動をモニタリングしている場合、それにともなって処理される個人データは、GDPRの適用を受ける。

　GDPRの適用範囲は日本の事業者にも大きな影響を与える。GDPRは、その地理的適用範囲について、次のように明記している（第3条）。

　①　EU域内にある「拠点の活動の過程（in the context of the activities of an establishment）」における個人データの処理（EU域内の拠点）

　②　EU域内の本人に対する物品またはサービスの提供、および、EU域内での本人の行動のモニタリングに関連する個人データの処理（EU市民等を対象）

　③　国際公法の効力により、加盟国の国内法が適用される場所において行われる個人データの処理

　上記のうち、①は域内企業への適用、②は域外企業への適用を想定している。そして、③は、加盟国の大使館や領事館による処理、加盟国船籍の船舶等における処理を想定したものである。これらについては、関連するすべてのGDPRの規定の適用を受ける。そして、日本の企業等にとって重要なの

表1-7

拠点の有無による管理者と処理者への適用関係

		管理者	
		EU域内	**EU域外**
処理者	EU域内	適用	処理者にのみ適用
	EU域外	管理者が処理者を契約等で拘束	適用なし

出典：EDPB「地理的適用範囲（第3条）に関するガイドライン（パブリックコメント版）(3/2018)」をもとに
筆者作成

は、①と②である。

① EU域内の拠点

　EU域内に拠点のある企業は、管理者であっても処理者であっても、基本的にGDPRの規制を全て遵守するための対応を行う必要がある。EU域内で、安定した枠組みを通して実効的かつ現実的に活動が実施されている場合には、その企業はEU域内に拠点があるとみなされる。

　法人格を有していなくても、支店をおいていなくても、場合によっては、従業員やエージェントがEU域内に1名いるだけでも拠点とみなされうる。このように「拠点」の意味はかなり広く解釈される。しかし、さすがにEU域内でアクセス可能なウェブサイトを設置しているだけでは、拠点とはみなされない[24]。

　管理者と処理者のどちらかだけがEU域内に拠点を持っているような場合もあるが、それぞれの拠点の有無による適用関係は、表1-7のようになる。

　EU域内に拠点のある管理者がEU域外の処理者に処理を行わせているような場合には、管理者が責任をもって処理者にGDPRを遵守させることが求められる。一方、処理者のみがEU域内に拠点を有する場合には、EU域

---

[24] EDPB「地理的適用範囲（第3条）に関するガイドライン（パブリックコメント版）
(3/2018)」4-5頁。

内の処理者に対して指示することを理由に、GDPR の適用を受けない管理者が「EU 域内の処理者の活動の過程において」処理を行っていることにはならないため、このような場合には、処理者のみに対してGDPRが直接適用される。

拠点を持たない日本企業がEU域内の処理者を使う場合であっても、処理者には、GDPRの定める契約締結義務、他の処理者を用いる場合の制限、データ侵害発生時の管理者への通知義務等が発生する。その結果、管理者である日本企業にもGDPRの影響が及ぶことになる。

② EU域内の市民等を対象

EU域内に拠点を持っていない企業等であっても、管理者または処理者がEU域内の個人に対し、物品やサービスを提供しようとしている場合には、その提供に関係する個人データの処理はGDPRの規制対象となる。

では、EU域内の個人に対し、物品やサービスを提供しようとしているかどうかをどのように判断するのか。ここでは特に、提供の意図が重視される。EU域内の者がウェブサイトにアクセスできることや、メールアドレスや他の連絡先に単にコンタクトできるというだけでは、こうした意図は認められない。

例えば、使われている言語や、決済に用いられる通貨は重要な要素となる。物品やサービスを提供するためのウェブサイトや文書に、EU加盟国内で一般に使われている語や通貨が示されていれば、EU域内の個人に対する提供の意図があると判断されやすい。しかし、同じ言語がその企業が属する国でも一般に用いられるような場合は、こうした意図は認められない。

日本の企業等についてもっとも問題となるのは、英語版サイトであろう。英語のサイトを開設して物品の販売やサービスを行っているだけでは、おそらくこのような意図は認められない。しかし、ポンドやユーロ等の通貨で支払いを受け付けていたり、EU域内の国民に対するメッセージ（例：「ドイツのお客様へ」等）が含まれていたりすれば、EU域内のものに対する物品やサー

第1章　GDPRとは何か　035

ビスの提供とみなされる可能性が高い。EDPBのガイドライン[25]では、考慮されるべき要素として、下記のようなものが挙げられている。

- 提供する物品またはサービスに関連して、EUや加盟国に関する記載等がある
- 管理者や処理者が、EU 域内の消費者によるウェブサイトへのアクセスを促すためにコストをかけて検索結果への表示を向上させようとしたり、管理者や処理者がEU 加盟国内に向けたマーケティングキャンペーンや広告キャンペーンを展開している
- 対象となる事業が観光事業などの国際性を帯びるものである
- EU 加盟国内からの専用連絡アドレスや電話番号の記載がある
- EUに関わるトップレベルドメイン名である「.de」や「.eu」などを使用している
- EU 加盟国からサービス提供地までの移動案内の記載がある
- EU 加盟国に居住する顧客を含む国際的な常連客に関する言及がある。特にEU 加盟国に居住する顧客からの投稿等を掲載している
- 事業者の国で通常使用されていない言語や通貨、特にEU 加盟国の言語や通貨を使用している
- 管理者がEU 加盟国内で物品の配送を行っている

　また、EU域内の本人の行動をモニタリングしている場合には、それに関連する個人データの処理に対してGDPRが適用される。モニタリングであるかどうかは、自然人がインターネット上で追跡されたり、そのデータを使ってプロファイリングが行われたりする可能性がないかについて精査される。

---

25)　EDPB「地理的適用範囲（第3条）に関するガイドライン（パブリックコメント版）（3/2018）」（2018年11月16日）15-17頁。

特に、本人に関して何らかの決定をしたり、個人的な選好や行動および態度を分析、もしくは予測がなされたりする場合には、モニタリングとみなされる可能性が高い（前文 (24) 項）。EDPBのガイドラインでは、モニタリングの例として次のようなものを挙げている[26]。

- 行動ターゲティング広告
- 位置情報サービス（特にマーケティング目的）
- cookieや指紋認証その他の追跡技術を使用したオンライン上での追跡
- オンラインのパーソナライズされた食事や健康に関する分析サービス
- CCTV（監視カメラ）
- 個人のプロファイルに基づく市場調査その他の行動調査
- 個人の健康状態に関するモニタリングや定期的なレポート

　EU域内に拠点をもたない管理者や処理者が、EU市民等を対象とする物品やサービスの提供や、行動のモニタリングの過程で個人データを処理している場合には、「書面によりEU域内に代理人を指名」しなければならない（第27条）。この義務が除外されるのは、（a）処理の頻度が少なく、「特別な種類のデータ（第9条）」や「有罪判決および犯罪に関する個人データ（第10条に定める）」を大規模には取り扱わず、処理の性質、状況、範囲および目的を考慮に入れ、処理が自然人の権利および自由に危険をもたらしそうにない場合と、（b）公的機関または組織が管理者または処理者である場合だけである。
　代理人は、GDPRの規定が遵守されるように、処理と関連する全ての事項に関し、特に監督機関および本人への対応について、管理者または処理者から委任を受ける。ただし代理人を設置したからといって、監督機関や本人が管理者や処理者に対し、直接訴訟を提起できなくなるわけではない。

26）EDPB「地理的適用範囲（第3条）に関するガイドライン（パブリックコメント版）（3/2018）」（2018年11月16日）18頁。

なお、後述のとおり、公的機関や一定のセンシティブな情報を扱う管理者や処理者には、データ保護責任者（DPO：Data Protection Officer）の指名が求められる。データ保護責任者には専門性が求められ、管理者や処理者のデータ保護に関する権限が認められているが、代理人には専門性や権限に関する規定は設けられていない。

　代理人を指名しなかった場合には、1,000万ユーロ、または、前会計年度の全世界の総売上の2%までのいずれか高いほうを上限とする制裁金が科せられうる（第83条4項（a）号）。

1.3.2 ▸ 適用と執行

> **ポイント**
> - GDPRは、EU域内にいる者の個人情報に関しては、世界中のいかなる場所で処理が行われていてもGDPRが適用されうるという考え方をとっている。
> - 国家は、自国領域以外の場所にも適用のある法律を制定することができる。しかし、他国が主権を有する領域で、公権力の行使を伴う法執行を行うことは原則として許されない。
> - GDPRは、個人情報を処理する者に対してEU域内に代理人を設置することを義務付けており、これを通じて間接的に執行を行うことを意図している。さらに、代理人に対して制裁金や罰則を科す可能性も示唆されている。

　GDPRは、EU域内に拠点を有していない企業等に対しても、EU域内の本人（データ主体）に対し、物品やサービスを提供しようとしている場合には、その提供に関係するデータの処理に対して適用される。つまり、EU法の効果がEU域外にも及ぶという立場である。

自国の領土外に対しても効力が及ぶ法律を制定すること自体は珍しいことではなく、国内犯処罰を原則（刑法第1条）とするわが国の刑法にも、国外犯を処罰する規定がある（同法第2条から第5条）。個人情報保護法にも、個人情報取扱事業者が日本国内にいる者の個人情報を商品やサービスの提供に関連して取得し、外国においてこの情報を取り扱う場合についても同法を適用することを定めている（個人情報保護法第75条）。

　このように、効果が国外に及ぶ立法を行うこと（立法管轄権の行使）は国際法上も認められているが、国外に対して公権力の行使を伴う執行を行うこと（執行管轄権の行使）は、他国の主権侵害の恐れがあり原則として許されない。わが国の個人情報保護法は、これに配慮して、命令や立入調査権などの公権力の行使を伴う法執行に関する規定について、国外の個人情報取扱事業者に対する適用から除外している。なお、実効性を担保するための仕組みとしては、個人情報保護委員会が外国の個人情報保護当局に対して情報提供を行いうることなどが定められている（個人情報保護法第78条）。

　GDPRでは条文上、特にこのような限定はされておらず、EU域内の者の個人データが取り扱われる一定の場合には、GDPRの適用があるとだけ規定している。また、GDPRは、個人情報を処理する者に対して代理人の設置を義務付けており、EU域内に拠点を持っていない者に対しても、少なくともこれを通じて間接的に法執行を行うことが可能である。

　ただし、特に制裁金の対象となる事業は、EUの競争法に関する規制と同様に考えるべきと示唆されている（前文（150）項）。競争法の分野では、EU域内でのビジネスに関して、日本企業がEU競争当局によって制裁金を科せられている例があるため、GDPRが適用対象とする個人データの取扱いに関しても、日本企業に対する制裁金が科せられる可能性がある。

　また、EU競争当局の執行状況を見ると、日本企業に対しても直接問い合わせ等が行われるケースが多く、GDPRに関しても、このような照会が行われる可能性は高い。EU域外の企業に対して、EUの監督機関が、公権力行使に当たる強制的な法執行を直接的に行うことは、国際法上問題がある。

第1章　GDPRとは何か　　039

表1-8

外務省「外国の行政機関から『罰則を科す』等の内容を受領した場合の対応」

施策名	外国の行政機関から「罰則を科す」等の内容の文書を受領した場合の対応
支援内容	外国の行政機関から我が国に所在する個人や団体に対して、「罰則を科す」、「出頭の義務を課す」等の記載のある文書が、直接郵送されるケースが発生しています。 　外国の行政機関が我が国に所在する個人や団体に対して、「罰則を科す」、「出頭の義務を課す」といった内容を含む命令的、強制的ないし権力的な効果を発生させる文書を送達することは「公権力の行使」に該当し、我が国政府の同意なく行うことは認められていません。外国の行政機関は、関連する条約に規定された手続に従うか、外交上の経路を通じて我が国政府の個別の応諾を得た場合にのみ、有効な送達を行うことができます。 　もし、外国の行政機関から、「罰則を科す」、「出頭の義務を課す」等の記載のある文書を受け取り、その手続や内容等に疑義がある場合には、外務省までご連絡ください。 ［参考］ 1　文書を発出する外国の行政機関の例 　　公正取引関連機関、金融商品担当機関、海上交通取締機関、税関、教育委員会等 2　「民事又は商事に関する裁判上及び裁判外の文書の外国における送達及び告知に関する条約」（送達条約）加盟国 　　https://www.hcch.net/en/instruments/conventions/status-table/?cid=17 3　「民事訴訟手続に関する条約」（民訴条約）加盟国 　　https://www.hcch.net/en/instruments/conventions/full-text/?cid=33
利用方法	下記窓口にご連絡ください。
連絡先	文書を送達してきた国・地域を管轄する地域局の担当課　又は　領事局政策課 TEL　03-3580-3311（代表） （1）外務省　各地域局　担当課（内線：下記リンク先をご参照ください） https://www.mofa.go.jp/mofaj/annai/honsho/sosiki/index.html （2）外務省　領事局　政策課（内線2333）

出典：外務省ウェブページ「日本企業支援　在外公館・外務省本省への相談」（https://www.mofa.go.jp/mofaj/ecm/ec/page23_001710.html）

しかし任意の照会に関しては、これを拒否した場合の欧州でのビジネスへの悪影響を考えると、ある程度は応じざるを得ない場合もあるだろう。

さらに、代理人に対して直接制裁金や罰則を科す可能性も示唆されており[27]、代理人が直接的な強制執行の対象となる可能性がある。代理人の選任にあたってはそうしたことも考慮する必要があるだろう。

なお、外務省のホームページでは、「外国の行政機関から『罰則を科す』等の内容を受領した場合の対応」として、表1-8のような注意書きを掲載している。もし対応に迷うような場合は、外務省や個人情報保護委員会に相談すべきである。

---

[27]　EDPB「地理的適用範囲（第3条）に関するガイドライン（パブリックコメント版）（3/2018）」（2018年11月16日）23頁。

1.3.3 ▸ 越境データ移転

> **ポイント**
> - EUは、GDPRの適用を受ける管理者に対して、EU域外への個人データの移転を原則として禁止している。
> - 移転が許されるのは、①十分性認定、②拘束的企業準則（BCRs: Binding Corporate Rules）、③標準データ保護条項（SDPC：Standard Data Protection Clauses）、④行動規範、⑤認証、⑥特別の状況、がある場合である。
> - 日本の個人情報保護委員会は、十分性認定に基づいて移転を受けた個人データの取扱いについてガイドラインを定めており、個人情報保護法より厳しいルールに従うことが求められている。

　日本企業がEU市民等の個人データを取り扱う場合としては、GDPRが直接適用される場合と、EU域内からの域外移転が問題となる場合が考えられる。直接適用と域外移転では、企業に求められる対応も異なるため、どちらに該当しうるかということには、注意する必要がある。

　GDPRは、EU域内の管理者がEU域外に個人データの移転を行うことを、原則として禁止している。この域外移転の原則禁止は、GDPRの直接適用を受けない日本企業が、EU域内の管理者から情報の提供を受ける場合に問題となる。

　第三国または国際機関への個人データ移転を行うことができるのは、①十分性認定（第45条）、②拘束的企業準則（BCRs）（第46条2項（b）号、第47条）、③標準データ保護条項（SDPC）（第46条2項（c）号、（d）号）、④行動規範（第46条2項（e）号）、⑤認証（第46条2項（f）号）、⑥特別の状況がある場合の例外（第49条）等のいずれかが存在する場合に限られる[28]。

第1章　GDPRとは何か　041

表1-9

十分性認定において考慮される要素（第45条1項）

区分	考慮される要素
(a) 個人データ保護の内容	・法の支配、人権および基本的自由の尊重、関連の一般法および特別法の整備（公共の安全、国防、国家安全保障および犯罪法、公的機関による個人データへのアクセスなど）
	・上記のような立法、データ保護ルール、事業者規制、安全対策の具体的導入（他の第三国または国際機関への個人データの再移転に際して、当該第三国または国際機関が遵守するルール、判例法など）
	・個人データ移転が行われる本人の、有効かつ執行可能な権利保護と、有効な行政上および司法上の救済
(b) 独立監督機関等の法の執行体制	・単独または複数の独立の監督機関（当該第三国内、または、該当する国際機関が監督対象となるもの）が存在し、効果的に機能していること
	・この監督機関が、データ主体の権利主張を援助し、EU加盟国の監督機関と協力するための適切な執行権限を持ち、データ保護法令の遵守を確保し、執行することに責任を負っていること
(c) 国際的な枠組みへの参加	・個人データ保護に関する義務の存在（国際的な誓約への加盟、法的拘束力のある条約や多国間協議または地域協定への参加に基づく義務など）

出典：GDPRの条文をもとに筆者作成

① 十分性認定

「十分性認定」とは、欧州委員会が、EU域外の第三国（第三国内の地域や特定の部門、国際機関を含む）について、十分なデータ保護の水準を確保していると決定することをいう。十分性認定を受けた第三国に対しては、個人データの移転を行うことができる。この場合には、個人データの移転に際して、個別の許可等は必要ない。欧州委員会が十分なデータ保護の水準が確保されているかどうかを判断するにあたっては、表1-9のような要素が考慮される。

日本とEUの間では、相互に十分な保護が確保されていると認める方向で検討が行われ、2019年1月23日には、欧州委員会が日本に対する十分性を

---

28) ここに挙げたものに加えて、「公的機関又は公的組織の間の法的拘束力および執行力のある文書」に基づいてデータの移転を行うことができる（第46条2項 (a) 号）。

認める決定を下している[29]。日本がEUから十分性認定を受けたことで、例えば、EUの事業者からデータの提供を受けたり、EU域内の事業者の委託を受けてデータの処理を行ったりすることができるようになる。

　一方、日本の個人情報保護法は、第24条「外国にある第三者への提供の制限」を設けており、本人の同意がない外国にある第三者への個人データ提供を原則として禁止している。その例外の1つとして「個人の権利利益を保護する上で我が国と同等の水準にあると認められる個人情報の保護に関する制度を有している外国として個人情報保護委員会規則で定めるものを除く」という定めがあり、日本は、EUから十分性認定を受けると同時に、EUをこの例外基準を満たす「制度を有している外国」と認めることとした。こうした相互認定は、個人情報保護の世界では初めてである。

　個人情報保護委員会は、この交渉の過程で、2018年9月、十分性認定に基づいて移転を受けた個人データの扱いについて、補完的ルールを定めている[30]。この補完的ルールは、「EU域内から十分性認定により移転を受けた個人データの取扱いに関して、個人情報保護に関する法令及びガイドラインに加えて、最低限遵守すべき規律を示すもの」と位置づけられ、GDPRの基準に合致するように、通常の個人情報保護法の運用よりも厳しい内容となっている。

② 　拘束的企業準則（BCRs=Binding Corporate Rules）

　拘束的企業基準（BCRs）とは、「加盟国の領域上に設立された管理者または取扱者が遵守する個人データ保護方針であって、企業グループ（group

---

29) Joint Statement by Haruhi Kumazawa, Commissioner of the Personal Information Protection Commission of Japan and Věra Jourová, Commissioner for Justice, Consumers and Gender Equality of the European Commission, http://europa.eu/rapid/press-release_STATEMENT-19-621_en.htm

30) 個人情報保護委員会「個人情報の保護に関する法律に係るEU域内から十分性認定により移転を受けた個人データの取扱いに関する補完的ルール」（https://www.ppc.go.jp/files/pdf/Supplementary_Rules.pdf）。

表1-10

「個人情報の保護に関する法律に係る**EU**域内から十分性認定により移転を受けた個人データの取扱いに関する補完的ルール」のポイント

対象規定	概要
（1）要配慮個人情報（法第2条3項関係）	GDPRでセンシティブ情報とされている「性生活」「性的指向」「労働組合」に関する情報も要配慮個人情報として取り扱う。
（2）保有個人データ（法第2条7項関係）	日本法が対象外としている6カ月以内に消去される情報も対象とする。
（3）利用目的の特定、利用目的による制限（法第15条1項・法第16条1項・法26条1項・3項関係）	記録の対象として、当該個人データの提供を受ける際に特定された利用目的を含める。
（4）外国にある第三者への提供の制限（法第24条・規則第11条の2関係）	外国にある第三者への提供制限の例外となるために、提供先の第三者が実施を確保すべき「適切かつ合理的な措置」の内容を「契約、その他の形式の拘束力のある取決めまたは企業グループにおける拘束力のある取扱い」により連携して実施している場合に限定する。
（5）匿名加工情報（法第2条9項・法第36条1項・2項関係）	匿名加工情報とみなしうる場合を、加工方法等情報を削除することにより、匿名化された個人を再識別することを何人にとっても不可能にした場合に限定する。

出典：個人情報保護委員会「個人情報の保護に関する法律に係るEU域内から十分性認定により移転を受けた個人データの取扱いに関する補完的ルール」をもとに筆者作成

of undertakings）または共同経済活動に従事している事業グループ（group of enterprises）内で、1つ以上の第三国の管理者または取扱者への個人データの移転、または一群の移転を行うためのものをいう（第4条20項）」と定義されており、例えば、企業グループで1つの規定を策定し、これをデータ移転元の管轄監督機関が承認することで、個人データの域外移転を適法化するものである。

③　標準データ保護条項(SDPC: Standard Data Protection Clouses)

　「標準データ保護条項（SDPC)」とは、個人データの移転元と移転先の間で、プライバシー等の保護に関する十分な保護措置等を内容とする適切な条項を含む契約を締結することにより、個人データの域外移転を適法化するもので

ある。これは、95年個人データ保護指令第26条2項に基づいて行われてきた標準契約条項（SCC: Standard Contractual Clauses）と同様の概念であると考えられている。欧州委員会は、SCCに関するモデルとなる書式を公表している。

GDPRに基づくSDPCを利用して域外移転を可能にするためには、欧州委員会が公表している書式をダウンロードし、条項はそのまま使用し、契約締結当事者名、対象とする個人データの項目と利用目的等を記入し、全ての契約当事者が署名する必要がある。ただ、当事者が多数に渡る場合には署名手続きが煩雑になる等の問題も指摘されている[31]。

SDPCの締結によって、当事者間の域外移転が可能になるが、当然ながらこの条項が定める義務を遵守する必要があり、例えば移転先の管理者には、適切な技術的対策および組織的対策による適切なレベルの安全管理など、EU域内で管理者に課せられる対応に準じた取組みが求められる。

④　行動規範

「行動規範」とは、管理者や処理者などを代表する団体や組織が、GDPRの遵守のために策定する自主ルールである。業界等に特有な個人データ処理の特徴や零細および中小企業の具体的要望を考慮に入れることとされており、中小零細企業[32]にとって、SDPCやBCRsの仕組みを利用することが難しいという意見に配慮して導入されたものである。

行動規範については、（1）団体等が行動規範案を監督機関に送付しこれを監督機関が承認し（第40条5項）、（2）欧州委員会が一般的な有効性を持つと

31）中崎尚『Q&Aで学ぶGDPRのリスクと対応策』商事法務（2018）73-74頁。

32）中小零細事業者は、250名未満の従業員を雇用しており、年商5,000万ユーロを超えない、および/または年次の貸借対照表の合計が4,300万ユーロを超えない事業者をいう（委員会勧告2003/361/EC別添第2条1項）。小規模事業者は、50名未満の従業員を雇用しており、かつ、年商および/または年次の貸借対照表の合計が1,000万ユーロを超えない事業者をいう（同条2項）。零細事業者は、10名未満の従業員を雇用しており、かつ、年商および/または年次の貸借対照表の合計が200万ユーロを超えない事業者をいう（同条3項）。

決定し（同条9項）、（3）EU域外の管理者または処理者が契約またはそれ以外の法的拘束力のある法律文書によって約束（同条3項）した場合には、この管理者または処理者がEU域外の者であっても、個人データの移転を行うことができる（第46条2項（e）号）。

なお、行動規範の遵守を約束した管理者や処理者に対しては、適切な専門性をもち所轄監督機関によって認定された組織によって、強制力を持った監視が行われなければならない（同条4項、第41条）。この監視団体としては、行動規範を策定する団体等が想定されている。

日本は十分性認定を受けているので、現時点ではEU域内からの個人データ移転を行うために、行動規範を利用する必要性は低い。行動規範は、GDPRの遵守を前提とするものなので、日本の個人情報保護法と個人情報保護委員会の補完的ガイドラインの遵守によって可能になる十分性の基準に基づく域外移転に比べて、むしろハードルが高いからである。

一方で、行動規範や認証は、GDPRの遵守証明に役立てることができ、制裁金を軽減する要素にもなりうる（第24条3項、第83条2項（j）号）。そのため、GDPRが直接適用される場合には、承認された行動規範によって、GDPRの遵守をアピールすることができる。参加可能な行動規範があれば、そのような目的で検討することは考えられる。ただし、2019年6月現在では、具体化されている行動規範はなく、EU関係者に確認したところでも、議論が進んでいる様子は見られない。当面は活用することは難しいと考えられる。

⑤　認証

GDPRでは、いわゆる第三者認証制度が導入されている。管理者や処理者が認証を取得することで、EU域外への個人データ移転を適法化することができる。認証においても、「零細および中小企業の具体的要望は考慮されなければならない」とされており、中小零細企業への配慮が見て取れる。認証機関の認定には監督機関が関与する。

認証機関または監督機関が承認したデータ保護認証制度、シールまたはマークを取得したEU域外の企業等は、EU域内の管理者から個人データの移転を受けることができる（第46条2項（f）号）。行動規範と同様、管理者または取扱者は、本人の権利を含め、適切な保護措置を適用するため、契約または他の法的拘束力のある文書によって、執行可能な約束をしなければならない（第42条2項）。

　認証は、所管の監督機関（第58条3項（e）号、（f）号）またはEDPB（第63条、第64条1項（c）号）によって承認された基準に基づき、認証機関または所管の監督機関によって発せられる。EDPBによって承認された認証基準は、EU共通の認証（欧州データ保護シール）として認められる。認証期間は最大3年間であり、要件を満たし続けていれば、同条件で更新可能であるが、認証の要件を満たさない場合には、認証機関または所管の監督機関により、認証が取り消される（第42条7項）。EDPBは、すべての認証制度、データ保護シールおよびマークを登録し、一般の閲覧等に供する（同条8項）。

　なお、認証についても、日本は十分性認定を受けているので、現時点ではEU域内からの個人データ移転を行うために、認証制度を利用する必要性は低い。行動規範と同様、認証制度も、GDPRの遵守を前提とするものなので、十分性認定に基づく域外移転に比べて、むしろハードルが高い。

　一方で、GDPRが直接適用されるような場合には、認証の取得によって、GDPRの遵守をアピールすることができる。取得可能な認証制度があれば、そのような目的で検討することは考えられる。しかし、2019年6月までに、GDPR証明書を発行するための承認された認証スキームや認定された認証機関はなく、具体化するめども立っていない。

　したがって、これについても当面は活用が難しく、むしろ、GDPRの認証を日本の第三者認証と同様に捉えないよう留意したほうがよいだろう。

⑥　特別の状況がある場合の例外
　特別の状況がある場合（表1-11）には、個人データの移転を行うことがで

表1-11

特別の状況に基づく移転が認められる場合

条文番号（項）	特別の状況
1-（a）	本人がリスクについて情報提供を受けた上で、明示的な同意をしている場合
1-（b）	本人と管理者との間の契約の履行のために必要、または、本人の要求により、契約締結前の措置を実施するために必要な場合
1-（c）	管理者と第三者の間で本人の利益のために契約の締結・履行のために必要な場合
1-（d）	公共の利益の重大な事由のために必要な場合
1-（e）	法的請求の立証、行使または抗弁のために必要な場合
1-（f）	本人が同意を与えることができない場合で、本人またはそれ以外の者の生命に関する利益を保護するために必要な場合
1-（g）	EU法または加盟国の国内法に基づき、公開を前提に登録された情報であり、公衆または正当な利益を主張しうる者による協議を受け付けており、当該個別事例が法定の条件を満たしている場合
2	上記に当たらない場合で、反復的なものでなく、限られた人数の、管理者が避けがたい適法な利益を有し、十分な評価を行った上で保護措置を提供した場合（管理者は、監督機関に通知し、本人に当該適法な利益について知らせる必要がある）

出典：GDPRの条文をもとに筆者作成

きる（第49条）[33]。

　これらの「特別の状況」はまさに例外的な場合にのみ許容されるものである。本人の同意を根拠とする場合には、単なる同意でなく「明示的な同意」が必要となる[34]。特に、避けがたい適法な利益が認められる場合は限定的であり、大量・構造的・反復的移転には適用されない[35]。GDPRが「同意」に厳格な条件を求め、かつ、「明示的同意」と区別して用いている点に注意しなければならない。

33）　表1-11では、わかりやすくするために条文の文言を簡略化している。

34）　「明示的な同意」については、「2-1-3　同意が有効になる場合」を参照。

35）　EDPB「特別の状況における例外（第49条）に関するガイドライン（2/2018）」（2018年5月25日）4-5頁。

第 2 章

GDPRの規制内容
──本人の権利と管理者の義務──

2.1 | 基本的な考え方

2.1.1 ▸ 基本原則

> **ポイント**
> - GDPRは第5条に基本原則を掲げており、これに基づいて条文の規定が定められている。解釈運用に際しても基本原則の考え方が強く影響する。
> - 日本の個人情報保護制度で、厳格には制度化されていないものとしては、「処理の適法性」「処理の公正性」「データの最小化」「記録保存の制限」がある。
> - GDPRの制定にあたっては、基本原則のなかでも、特に「透明性」が強調されている。

　GDPR第5条には、表2-1のような7つの基本原則が示されている。このうち、日本の個人情報保護制度では、厳密な意味で制度化がされていないものとして、「処理の適法性」「処理の公正性」「データの最小化」「記録保存の制限」がある。また、これらの原則を遵守していることについて管理者に明確な説明責任を負わせている（同条2項）のも、GDPRの特徴といえる。

　GDPRにおいては、基本原則のなかでも特に透明性の原則が重視されている。背景としては、ビッグデータやIoTといった技術の進展も大きく影響している。スマートフォンに代表される携帯端末の普及は、人々の行動履歴

表2-1

基本原則（第5条）

	項番	原則	概要
1	1項（a）号	適法性、公正性、透明性	本人（データ主体）にとって、適法かつ公正であり、どのような処理がされているかがわかる
2	1項（b）号	目的の限定	明確に限定された正当な目的のために収集され、処理はその範囲内に限定される
3	1項（c）号	データの最小化	利用目的に対して、関連性があり、必要十分な範囲に限定される
4	1項（d）号	正確性	正確性と、必要な場合の最新性が維持される
5	1項（e）号	記録保存の制限	目的のために必要な期間だけ、本人の識別が許容される
6	1項（f）号	完全性および機密性	外部的および内部的な脅威から、技術面および組織面で適切に保護され、適切な安全性が確保される
7	2項	アカウンタビリティ	管理者は、上記を遵守する責任を負い、遵守していることの説明責任を負う

出典：GDPRの条文をもとに筆者作成

の把握を容易にしている。こうした情報が、ビッグデータ処理やAI技術の発展によって集積処理され、次々と新たな情報が生み出されており、収集利用される情報は今後も一層拡大していくことが予測される。

その一方で、こうした技術においては、利用者等があまり意識することなく情報を収集されていることも多い。また、人に知られたくない情報が思いがけず使われてしまう、といった懸念も大きくなる。

こうしたなかで、本人の意思に反する利用を抑制するためには、自分の個人データがどのように利用されるのかをできるだけ把握できるようにすること、つまり「透明性」を高めることが重要だという認識があり、これがGDPRの制度設計における基本的な考え方となっている。

2.1.2 ▸ 個人データ処理の適法化根拠

> **ポイント**
> - 個人データの処理が適法とされるためには、(a) 本人 (データ主体) の同意、(b) 契約の締結・履行のための必要性、(c) 法的義務、(d) 生命に関する利益保護、(e) 公共の利益ないしは公的権限の行使、(f) 適法な利益、のいずれかの根拠が必要になる。
> - 「(a) 本人の同意」を根拠とする場合は厳格な要件が求められ、本人からいつでも撤回される可能性がある。「(e) 公共の利益ないしは公的権限の行使」「(f) 適法な利益」に対しては、本人が異議申し立てを行うことができる。
> - データ・ポータビリティ権、削除権、同意の撤回、異議申し立て等、本人のコントロールを確保する制度の基盤となるのが、この適法化条件である。

GDPRにおいて、個人データの「処理」(processing) が許されるのは、第6条1項が定める適法化根拠がある場合に限られ、これらの根拠に基づかない個人データの処理は違法となる (表2-2)。ここでいう「処理」は、およそ個人データを収集・利用・提供する行為すべてが含まれる[1]。

適法化根拠は処理に先立ち、各個人データについて、利用目的ごとに決めておく必要がある。この場合、一連の処理のなかで、ある段階で依拠した根拠と別の段階で依拠する根拠が異なっていてもかまわない。

「(a) 本人の同意」を根拠とするためには、後述のとおり、①自由な同意、

---

[1] 「処理」とは、個人データまたは個人データの集合体に対して行われる業務や事業 (収集、記録、体系化、構造化、保存、翻案や変更、検索、参照、利用、伝送や流布その他の公表方法による開示、整列や組み合わせ、利用制限、消去や破壊など) であり、自動化されたものであるかどうかを問わない (第4条2項)。

表2-2

個人データ処理の適法化根拠(第6条)

適法化根拠	適法化される場合
(a) 本人の同意	本人が、一つまたは複数の特定の目的のための自己の個人データの処理に関し、同意を与えた場合
(b) 契約の締結・履行のための必要性	本人が契約当事者となっている契約の履行のために処理が必要となる場合、または、契約締結の前に、本人の要求に際して手段を講ずるために処理が必要となる場合
(c) 法的義務	管理者が服する法的義務を遵守するために処理が必要となる場合
(d) 生命に関する利益保護	本人または他の自然人の生命に関する利益を保護するために処理が必要となる場合
(e) 公共の利益・公的権限の遂行	公共の利益において、または、管理者に与えられた公的な権限の行使において行われる職務の遂行のために処理が必要となる場合
(f) 適法な利益	管理者によって、または、第三者によって求められる適法な利益の目的のために処理が必要となる場合。ただし、その利益よりも、個人データの保護を求める本人の利益ならびに基本的な権利および自由のほうが優先する場合、特に、その本人が子どもである場合を除く。

出典:GDPRの条文をもとに筆者作成

②特定された同意、③事前説明を受けた同意、④不明瞭ではない表示による同意、⑤明らかに肯定的な行為による同意、がなければならない。

　「(b) 契約の締結・履行のための必要性」で適法化されるのは、契約の履行にとって客観的に必要な処理である。EDPB(欧州データ保護会議)のガイドライン[2]によれば、単に個人データの処理について契約書に記載されていたり、契約条件のある部分からデータの処理が予測されたりするからといって、必ずしもこの根拠が適用できるわけではない。必要性の判断にあたっては、契約に基づいて提供されるサービスにその個人データの処理が本当に必要か、本人がそのような個人データの処理を合理的に予想できるか、本人の権利に影響を及ぼさない他の方法がないか、といった要素が考慮される。そ

---

[2]　EDPB「GDPR第6条1項 (b) 号における本人を対象としたオンラインサービス提供上の個人データ処理に関するガイドライン (案)」(2019年4月9日) 7-14頁。

の契約の本質から考えて客観的に必要である場合に限り、契約の締結・履行の必要性が認められる。このような必要性が認められない場合には、むしろ「(f) 適法な利益」等の他の適法化根拠を考えるべきであるとされる。

オンライン・サービスに関するものでいえば、サービスの改善、不正防止、行動ターゲティング広告などのための個人データ処理は、基本的にこの根拠に依拠して行うことができない。なお、情報のパーソナライズ（個別のユーザに適したコンテンツの提供）を提供するサービスのための個人データ処理については、契約履行のために必要かどうかがサービスの性格によって個別に判断される。例えば、利用者の好み等に応じてニュースをまとめて表示するサービス（ニュース・アグリゲーション・サービス）を提供している場合に、ユーザの閲覧履歴等を利用することには必要性が認められうるが、単なるレコメンドや広告に閲覧履歴を利用することには必要性が認められない。

なお、契約締結前であっても、契約締結に必要な個人データ処理が認められる場合もある。例えば、サービス提供地域に該当するかどうかを確認するために、郵便番号を確認することには、契約締結のための必要性が認められる。一方で、契約終了後は、この根拠に依拠することができなくなる。ただし、個人データの処理が引き続き必要な場合には、別の適法化根拠に基づいて同じデータの処理が許容される場合がある。そのような場合には、どの根拠に基づいて処理を行うかをあらかじめ明らかにして、本人に知らせておかなければならない。

「(c) 法的義務」は、EUまたは加盟国の法律に基づく明確かつ具体的な義務だけが対象となる。規制当局などが公表する拘束力のないガイドラインや、外国法が要請しているような場合は、ここでいう「法的義務」には該当しないため、「(f) 適法な利益」に該当するかどうかを検討することになる[3]。「(d) 生命に関する利益保護」が認められるのは、例えば、感染症や災

---

3)　第29条作業部会「データ管理者の適法な利益の意義に関する意見書 (06/2014)（WP217）」（2014年4月9日）55頁。

害が発生しているような状況において、人の生死に関わる利益を保護するために個人データの処理が必要な場合であって、他の法的根拠に依拠できないことが明確である場合に限られる（前文（46）項）。

「(e) 公共の利益・公的権限の遂行」が認められるのは、「(c) 法的義務」の場合と同様に、EUまたは加盟国の法律による根拠がある場合に限られる。根拠となる法律では、誰がどのような場合にこの根拠に基づいて個人データ処理を行いうるのかを、定めておく必要がある（前文（47）項）。

ところで、これらの適法化根拠のなかでどれに依拠して個人データ処理が行われているかによって、その個人データ処理に対して本人がどのような権利を行使できるかが変わってくる。

まず、どのような根拠で適法化したとしても、「アクセスの権利」「訂正の権利」「消去の権利」「処理制限の権利」は、本人に認められる。「本人の同意」を根拠とした場合は、管理者は、本人がいつでも容易に同意を撤回することができるようにしなければならず、撤回によって手数料やサービスの低下があってはならない。例えば、個人データ利用への同意が、ウェブページ上のワン・クリックや、IoT機器のスイッチ・オンでなされるような場合には、撤回のために面倒な手続きを求めてはならず、同意と同じ手軽さで撤回できるようにしなければならない。

なお、原則として、同意が撤回されても撤回前の取扱行為は適法性を維持する。しかしながら、管理者は同意撤回後は当該処理を中止し、他の適法な根拠がなければ、当該個人データを削除または匿名化しなければならない。管理者が同意を選択すれば、他に法的根拠があることを理由に撤回を拒むことはできないし、あとから他の法的根拠に置き換えることもできない。同意の有効性が危ぶまれてきたからといって、処理を正当化するために「適法な利益」という根拠をあとから持ち出すことも認められない。

「公共の利益・公的権限の遂行」や「適法な利益」が根拠となる場合には、本人は異議申し立てをすることができる。異議申立てを受けた場合は、管理者は、本人の権利利益等に優先する正当な根拠を証明しない限り、処理を行

表2-3

処理の適法性に関する比較

	GDPR（EU）	個人情報保護法（日本）
収集時	本人の同意、契約、法的義務、適法な利益等の適法化根拠が必要。	利用目的の特定、通知または公表等を行えば本人の同意や正当化事由は不要。
収集後	同意に基づく場合は、本人がいつでも撤回可能。それ以外の場合でも異議申し立て権等が認められる。	訂正、利用停止請求は限定的に認められる。事後的に第三者提供や利用目的の変更を行う場合は本人の同意が必要。

出典：筆者作成

うことができない（第21条1項）。

　ここまで見てきたように、GDPRにおいては、管理者が行う全ての個人データの処理について、何らかの適法化根拠が必要である。これに対して、日本の個人情報保護法では、第三者提供や利用目的の変更には本人の同意が必要であるが、内部利用一般については利用目的を特定して公表等すれば適法化される。つまり、GDPRのような厳格な適法化根拠を求めていないのである。GDPRが個人情報の処理全般に適法化根拠を求めていることは、日本の法律と大きく異なる点である（表2-3）。

2.1.3 ▸「適法な利益」とは何か

ポイント

- 適法化根拠のなかで、いわば一般規定に当たるものが「適法な利益」であり、他の適法化根拠には該当しないが必要性が高い場合に、これに基づく処理が行われる。

- 対象が広範であり本人の利益と比較することが求められているため、解釈上の裁量の余地が大きい。

- 「適法な利益」を安易に適法化根拠とすることは許されない。管理者

は、処理に先立って「適法な利益」が何かという情報を本人に知らせることが求められ、それについての立証責任を負う。

　個人データ処理の適法化根拠のなかで、一般規定にあたるものが「(f) 適法な利益」である。他の要件には当たらないが、処理の必要性が高い場合に認められる、いわば落ち穂拾い的な規定と言える。規定自体がやや曖昧であり、本人の利益に優越することが条件であるため、解釈上の裁量の余地が大きい。

　「適法な利益」を含む適法化根拠に関しては95年個人データ保護指令でも規定されており、以前には、加盟国のなかに相当に広範囲にわたって「適法な利益」を正当化事由として認めている国と、必要性を厳格に捉えて限定的に運用している国があることが指摘されていた。つまり深く検討せずに、「適法な利益」だから個人情報を取り扱ってもよいだろうと考える事業者を許容している国もあった、ということである。しかし現在では、適法な利益を安易に適法化根拠とすることは許されないということが、共通の理解になっている。

　管理者は、処理に先立って「適法な利益」が何かという情報を本人に知らせることが求められ（第13条1項 (d) 号、第14条2項 (b) 号）、「適法な利益」の存在について立証責任を負う。また、利益の均衡がとれていると考える理由を、本人に知らせ、本人が異議申立てを希望する場合には、簡単な手続でこれを行うことができるようにしなければならない。そして、異議申立てがなされた場合、本人の利益とのバランスを再評価し、本人の利益が上回るのであればその処理の停止を行えるようにしなければならない。

　個人データを処理するにあたって、「適法な利益」が適法化根拠になるかどうかを判断するためには、次に挙げるような要素を考慮しなければならない。その際には、個人データ処理によって実現される管理者の「適法な利益」を、それよりも権利を侵害しない方法で実現することはできないかどうかも評価しなければならない[4]。

【「適法な利益」と本人の基本権とのバランス】

- 管理者の利益の性質（基本権、その他の利益、公共の利益）を考慮する
- データが取り扱われない場合に、管理者、第三者またはより多くの人々が、被る可能性のある不利益を評価する
- データの性質を考慮する（厳密な意味でのセンシティブ情報や、広義のセンシティブ情報に該当しないか）
- 本人（未成年者、従業員等）と管理者の関係（市場支配的な地位にある企業かどうか等）を考慮する
- データの処理方法（大規模なものか、データマイニングを行うか、プロファイリングを行うか、多数の人に開示されたり出版されたりするか）を考慮する
- 本人の基本権や利益のうち、どのようなものが影響を受ける可能性があるのかを明らかにする
- 本人の合理的な期待を考慮する
- 本人への影響を評価し、管理者がデータの処理から得られる利益と、具体的に比較する

【追加的な安全策の評価】

- データの最小化（例えば、データ収集の厳格な限定、または使用後のデータの即時消去）
- 当該データを利用して、個人に関する意思決定その他の行為が行われないようにするための技術的、および組織的措置（「機能的分離」）
- 匿名化技術、データの集約、プライバシー向上技術（PET: Privacy Enhancing Technology）、プライバシー・バイ・デザイン、プライバシー・データ保護影響評価の幅広い使用
- 透明性の確保、一般的かつ無条件に意義を申し立てる権利（オプト・ア

---

4) 第29条作業部会「95年個人データ保護指令におけるデータ管理者の適法な利益の意義に関する意見書（844/14/EN, WP217）」（2014年4月9日）55-56頁。

ウト）、本人の自由度を拡大するためのデータ・ポータビリティとその関連措置の拡大

「適法な利益」は、本人と管理者との間に妥当で適切な関係がある場合に認められるのが、基本である。例えば、「本人が管理者のサービスの顧客である場合」、「管理者からサービスの提供を受けている場合」のような状況が想定される（前文（47）項）。

本人が合理的に予測していない個人データ処理については、本人の利益および基本的権利が優越するため、「適法な利益」としては認められない。また、公的機関の職務遂行にも適用されない。公的機関に対しては立法機関が法的根拠を与えるのであって、勝手に「適法な利益」を主張することは許されない。不正行為防止やダイレクト・マーケティングのための個人データの処理も、「適法な利益」のために行われるものとみなされうるが（前文（47）項）、本人が合理的に期待する範囲に限られる[5]。

情報セキュリティを確保する目的で、必要かつ相当な範囲で行われる個人データの処理も、「適法な利益」とみなされる。例えば、コンピュータ緊急対応チーム（CERT）、コンピュータセキュリティインシデント対応チーム（CSIRT）、電気通信事業者、セキュリティ提供事業者等は、サイバー脅威に対応するために、「適法な利益」を根拠に個人データを利用することができる。サイバー脅威への対応には、例えば、電気通信ネットワークへの無権限アクセスやマルウェア配布の防止、DoS攻撃やコンピュータおよび電気通信システムの破壊行為の阻止などが含まれる（前文（49）項）。

---

5) なお、日本でいう「ダイレクト・マーケティング」には民間事業者が行う広告メッセージやダイレクト・メールのようなものを想定しがちであるが、後述するeプライバシー規則案では、営利目的による製品およびサービスの提示に加え、政党が党の宣伝目的で自然人にコンタクトするために電気通信サービスを利用して送信するメッセージ、その他の非営利組織がその目的を推進するために送信するメッセージも含まれている。

2.1.4 ▸ 同意が有効になる条件

> **ポイント**
> - GDPRは、「同意の条件」を厳格に定めている（第7条）。
> - 有効な同意であると認められるためには、①自由な同意、②特定された同意、③事前説明を受けた同意、④不明瞭ではない表示による同意、⑤明らかに肯定的な行為による同意、でなければならない。
> - GDPRにおいては、有効な同意と認められるためのハードルはかなり高く、厳格に評価されるため、同意を根拠とする処理は大きなリスクをはらむ。

　GDPRは、「同意の条件」を厳格に定めている（第7条）。個人データが同意を根拠として扱われる場合には、管理者が証明責任を負うこと（1項）、書面で示される利用規約によって同意内容が示される場合には他の事項と区別し、本人が理解しやすい態様で同意を要請すること（2項）、本人が同意をいつでも撤回できること（3項）、同意の任意性を判断する際に契約履行に同意を条件づけているか否かを十分考慮すること（4項）が求められる。

　さらに、管理者は本人に対し、情報収集の事実や本人が管理者にアクセスするために必要な情報等を知らせることが義務付けられている（第13条）。

　特に、有効な同意であると認められるためには、①自由な同意、②特定された同意、③事前説明を受けた同意、④不明瞭ではない表示による同意、⑤明らかに肯定的な行為による同意、のすべてに該当しなければならない（前文(32)項）。これらの具体的な内容について、第29条作業部会のガイドライン[6]およびGDPR前文では、次のような考えが示されている。

---

6)　第29条作業部会「同意に関するガイドライン（WP259 rev. 01）」（2017年11月28日、最終改正2018年4月10日）5-17頁。

①自由な同意

　本人が自由に選択したものでなければ、有効な同意とはみなされない。同意を拒否したり、あとで撤回したりすると不利益を受けたりするようなことがあれば、その同意は、自由な同意ではない（前文（42）項）。

　管理者が本人に対して強い立場にある場合は、同意を根拠に個人データを取り扱うことができない。例えば、公的機関や雇用主に対して、個人データを取り扱わないでほしいと要請することは通常難しい。雇用主が職場の監視カメラ設置や、人事関連書類の提出について従業員に同意を求めれば、従業員はこれを拒否することに躊躇するはずである。そのため、公的機関や雇用主は、基本的に同意を根拠として個人データの処理はできないと考えられている。

　本人があるサービスを受けようとした場合などに、そのサービスを受けるために個人データの処理への同意が求められることがある。当該個人データの利用がサービスの提供に不可欠なものであれば、これは当然のことである。例えば、オンライン・ショップが商品を配達するために住所を取り扱う場合や、支払いを容易にするためにクレジットカード情報を取り扱う場合、雇用主が給与を支払うために、給与情報および口座情報を取り扱う場合などがこれに当たる。

　しかし、そのサービスに必ずしも必要のない個人データの処理について同意することが契約条件になっているような場合、この同意は有効な同意とはみなされない。GDPRが同意の条件の1つに、「同意の任意性を判断する際に契約履行に同意を条件づけているか否かを十分考慮すること（4項）」を挙げているのは、このためである。例えば、銀行が、銀行口座の利用明細をマーケティング会社に提供することを口座開設の条件にしたり、これに同意することで手数料を安くしたりしている場合には、この同意は有効なものとは言えない。

②特定された同意

　同意を取得する際には、どのような利用目的のために、どのようなかたちで個人データが取り扱われるのかを明らかにし、その全てについて同意が取得される必要がある。明らかに複数の異なる利用目的がある場合には、包括的な同意を取得することは許されない（前文 (43) 項）。例えば、小売業者が顧客に電子メールによるマーケティングを行うために個人データを利用することと、グループ内で他の事業者とも彼らの情報を共有することは、区別されなければならない。ひとまとめに同意を取得しているような場合には、このような同意は無効となる。

③事前説明を受けた同意

　同意が有効であるためには、本人が、管理者の身元や、その個人データについて予定されている処理の目的を、認識していなければならない（前文 (42) 項）。同意を取得するに先立って本人に情報を提供することは、本人が何に同意しているかを理解したり、同意を撤回する権利などを行使できるようにするうえでも重要である。

　本人が事前説明を受けていると言えるには、少なくとも、(i) 管理者の身元、(ii) 同意が求められる取扱業務の目的、(iii) 収集され利用されるデータ（そのタイプ）、(iv) 同意を撤回する権利の存在、(v) 自動化された意思決定（第22条2項 (c) 号）のためのデータ利用についての情報、(vi) 十分性認定等によって保護されない域外データ移転によって生じるリスクについて、情報が提供されている必要がある。

　同意が複数の (共同) 管理者に対する信頼のもとに与えられるものである場合や、もともとの同意に依拠して他の管理者に移転されたり取り扱われたりする場合は、それらの組織の全ての名前が明示されるべきであるとされる。ただし、同意の一部として処理者の名前を明示する必要はない。

④不明瞭ではない表示による同意

　個人データの取扱いに対する同意であることがわかるように、他の契約条件等とは明確に区別して、本人の意思を確認する必要がある。一般の利用条件の中に同意を紛れ込ませてはならない。

　また、管理者が同意内容を示す際には、理解しやすく、容易にアクセスできる方式により、法律家ではなく一般の利用者が容易に理解できるように、明確かつ平易な文言を用いて示さなければならない（前文 (42) 項）。

⑤明らかに肯定的な行為による同意

　同意は、本人がはっきりと表明したものでなければならない。文書による表明が最も確実な方法ではあるが、必ずしも正式な契約書のようなものでなくてもよいし、文書である必要もない。ウェブサイトに「同意」にチェックされたボックスを表示させ、本人がそのままにしたからといって、有効な同意を取得したことにはならない。ウェブサイト上のチェックボックスにチェックを入れることや、SNS等で設定を選択することなどは同意にあたるが、それがどのような意思表示に該当するかについて、本人が認識している必要がある。

　一般的な利用条件に包括的に同意しても、個人データ利用に関する同意の「明らかに肯定的な行為」とみなすことはできない。例えば、利用規約の画面を最後までスクロールさせなければ同意ボタンが表示されないようにしたうえでボタンを押させても、本人が個人データ利用に関する内容が含まれていると認識するとは限らないため、有効な同意とはみなされない。

　以上のように、有効な同意と認められるためのハードルはかなり厳格である。本人による撤回がいつでも認められていることや、同意が有効であることの立証責任が管理者にあることを考え合わせると、「とりあえず同意を取得しているから大丈夫」などという安易な考えは、決してもつべきではないだろう。

第2章　GDPRの規制内容　063

GDPRにおいては、同意を根拠とする処理は非常に大きなリスクをはらむ[7]。GDPRに関する実務では、「同意だけに頼る処理を、できる限り避けるべき」とアドバイスする専門家も多く、この点は、日本の個人情報保護法とは大きく異なる点である。

2.1.5 ▸ 特別な情報（子供の情報とセンシティブ情報）

ポイント

- SNS等のサービスを子供に直接提供する場合、16歳未満の子供の個人データの処理は、その子供の親または後見人から、同意または許可を得なければならない（第8条）。
- いわゆるセンシティブ情報については原則として処理が禁止され、本人の同意に基づいて処理が許容される場合でも、より厳格な、曖昧さを排除した明示的同意（explicit consent）が求められている（第9条）。

GDPRは、特に注意を要する個人データとして、子供の個人データと、いわゆるセンシティブ情報について、特別な規定を設けている。

まず、子供の個人データについて、「情報社会サービス（information societies services）」を子供に直接提供する場合、16歳未満の子供の個人データの処理を合法に行うためには、その子供の親権上の責任がある者の同意または許可を得なければならない（第8条）。「情報社会サービス」とはEUで用いられる特別な用語で、「通常は報酬のために、遠隔で、電子的手段によって、サービス利用者の個別の要請に応じて提供されるサービス」[8]と定義されている

---

[7] 後述するeプライバシー規則案でもユーザに同意撤回の権利を認めており、かつ、処理の継続する期間中は6カ月ごとにその機会について注意を喚起しなければならないとしている。

が、具体的にはSNS、ストレージ、クラウド、検索エンジン等のいわゆるITプラットフォームを指すと考えてよい。

　加盟国は、国内法によって、この16歳未満という年齢を13歳まで引き下げることができる。また、子供が当事者となる契約の有効性などは、各加盟国の契約法に基づいて判断される（同条3項）。つまり、16歳未満の者との契約が、GDPRを根拠に無効になったり取り消されたりすることはない。管理者は利用可能な技術を考慮に入れ、同意を証明するための合理的努力をしなければならない（同条2項）。

　このような特別の規定が置かれているのは、子供は個人データの処理に関してリスクや影響、保護手段、彼らの権利を自身が認識していない可能性があり、特別の保護が必要だと考えられているからである。ほかにも「削除権（忘れられる権利）」についても特に強い保護が保障されており、これらの情報については、本人がいつでも削除をもとめることができる（第17条1項（f）号）。

　また、いわゆるセンシティブ情報に関しては、「特別な種類の個人データ（第9条）」として、特別の規定が置かれている。対象となるのは、人種的もしくは民族的な出自、政治的な意見、宗教上もしくは思想上の信条、または、労働組合への加入を明らかにする個人データの処理、ならびに、遺伝子データ、自然人を一意に識別することを目的とする生体データ、健康に関するデータ、または、自然人の性生活もしくは性的指向に関するデータである。

　これらの個人データの処理は原則として禁止され、本人の同意に基づいて処理が許容される場合でも、より厳格な、明示的同意（explicit consent）[9]が求

8）　欧州議会および理事会の指令（EU）2015/1535（35）の第1条1項（b）号の定義による（第4条25項）。

9）　明示的同意は、センシティブ・データ以外にも、重大なデータ保護のリスクが生じる場合（第22条：プロファイリングを含む、自動処理による個人に関する決定、第49条：特定の状況による例外）の場合にも要請される。

められている。明示的同意がなくても取扱いが許されるのは、法律上の義務を遵守するため、あるいは公共の利益において、もしくは管理者に与えられた公的な権限の行使において行われる職務の遂行のために、特に規定が設けられている場合に限られる（2項 (b) 〜 (j) 号）。

　一般的な個人データ処理の適法化根拠（第6条）には、「契約の締結・履行のための必要性」が含まれているが、これらの特別な種類の個人データについては、契約の締結や履行上の必要性を理由に処理することはできず、別途本人の明示的な同意が必要となる。

　なお、ここでいう「明示的」とは、本人が同意の宣言を明確に表明することを指す。最も確実なものは書面や書面への本人の署名である。それ以外の例えば電子的な方法や口頭でも行いうるが、本人が自分の個人データの処理に同意するということを明確に示していることが必要である。オンライン・サービスの申込みに際して明示的同意を得るためには、本人の署名のあるスキャン文書や、電子署名付きの電子文書によって、本人の意思が明確に表明されている必要がある。単なるメールでのやり取りではなく、確実に本人の意思であることを示すために二段階認証[10]の手続きをとることが推奨されている。理論的には、口頭で明示的同意を得ることも可能ではあるが、管理者にとって明示的同意の証明が難しい場合が多い[11]。

　GDPRのなかで、「明示的同意」を求めているのは、この特別な種類の個人データ以外には、プロファイリングを含む個人に対する自動化された意思決定（第22条）と、域外移転に関する特別の状況がある場合の例外（第49条）だけであり、これらについては本人の権利に対する危険が特に高いことか

---

10)　二段階認証とは、本人から同意する旨のメール等を受け取った後に、さらに本人に証明用リンクを送付してクリックしてもらったり、本人の携帯電話のSMS (Short Message Service) に送付した証明コードを入力してもらったりすることで、確かに本人の意思であることを確認する方法をいう。

11)　第29条作業部会「同意に関するガイドライン（WP259 rev. 01）」（2017年11月28日、最終改正2018年4月10日）18-20頁。

表2-4

センシティブ情報

GDPR（EU）	個人情報保護法（日本）
人種的もしくは民族的な出自、政治的な意見、宗教上もしくは思想上の信条、または、労働組合への加入を明らかにする個人データの処理、ならびに、遺伝子データ、自然人を一意に識別することを目的とする生体データ、健康に関するデータ、または、自然人の性生活もしくは性的指向に関するデータ	本人の人種、信条、社会的身分、病歴、犯罪の経歴、犯罪により害を被った事実、その他本人に対する不当な差別、偏見その他の不利益が生じないようにその取扱いに特に配慮を要するものとして政令で定める記述等が含まれる個人情報

出典：GDPRおよび個人情報保護法の条文をもとに筆者作成。GDPRでの下線部分は日本の個人情報保護法における要配慮個人情報に含まれていないものを示す

ら、厳格な同意が求められている。

　日本の個人情報保護法は、2015年の改正で「要配慮個人情報」に関する規定が設けられ、「本人の人種、信条、社会的身分、病歴、犯罪の経歴、犯罪により害を被った事実その他本人に対する不当な差別、偏見その他の不利益が生じないようにその取扱いに特に配慮を要するものとして政令で定める記述等が含まれる個人情報（個人情報保護法第2条3項）」の取得には、法令に基づく場合等の正当な理由がある場合を除き、本人の同意が必要である。

　GDPRのセンシティブ情報には、日本の個人情報保護法では要配慮個人情報にないものとして、「性生活」「性的指向」「労働組合」に関する情報等が含まれている。これらについては、個人情報保護委員会「個人情報の保護に関する法律に係るEU域内から十分性認定により移転を受けた個人データの処理に関する補完的ルール」が、要配慮個人情報として取り扱うことを求めている（表2-4）。

2.1.6 ▸ eプライバシー指令とeプライバシー規則案

> **ポイント**
> - EUはGDPR以外にも個人データに関するルールを定めている。その
>   なかでも、eプライバシー指令は、ネットワーク上でビジネスを行う
>   ウェブサイト開設者や、オンラインサービス提供事業者への影響が大
>   きい。
> - eプライバシー指令の改正が検討中であり、現在提案されている規則
>   案が成立すると、EU域内に利用者のいるオンラインサービス提供事
>   業者が、広く規制の対象となる可能性がある。

　GDPRは、EUにおける個人データ保護の基本法である。EUでは、この
他にも特定の分野における個人データに関するルールが定められている。特
にeプライバシー指令（個人データの保護および電気通信分野のプライバシー保護に関
する欧州議会および理事会の指令)[12]は、ネットワーク上の個人データを保護す
るものであり、EU域外の企業等に対しても影響しうる。

　eプライバシー指令の適用対象は「EU域内の公衆通信網における公的に
利用可能な電気通信サービスの提供に関連して行われる個人データの処理」
であり、基本的にEU域内の電気通信サービスを対象としている。電気通信
サービスとして、例えばデータ収集やユーザ識別の機能がある端末を利用す
るものが想定されている（第3条）。そして、電気通信サービスの事業者には
表2-5のような義務が課せられている。

　またeプライバシー指令には、特にcookieの利用を主なターゲットとした

---

12)　European Commission, Directive 2002/58/EC of the European Parliament and of the
Council of 12 July 2002 concerning the processing of personal data and the protection of
privacy in the electronic communications sector, https://eur-lex.europa.eu/legal-content/
EN/ALL/?uri=celex%3A32002L0058

表2-5

eプライバシー指令における電気通信サービス事業者の義務（概要）

義務規定	概要
安全管理措置（第4条）	提供サービスに関する適切な技術的・組織的安全管理措置の実施
通信の秘密（第5条）	通信の盗聴、蓄積、その他傍受・監視等の禁止
トラフィックデータおよび課金データ（第6条）	以下に該当しなければ消去または匿名化 ・相互接続料の精算に必要 ・本人の同意（特にマーケティング目的） ・課金およびトラフィックの運用のために必要
通話明細（第7条）	明細のない請求書の提供、プライバシーの保護と明細を受け取る権利
発信者情報（第8条）	発信者情報通知に関するブロッキングの提供
自動通話転送（第10条）	受信者が無料かつ簡単な方法で停止できる手段の提供

出典：eプライバシー指令の条文をもとに筆者作成

規定がある。2009年の改正により導入された第5条3項の規定は、加入者や利用者の端末装置への情報の保存や、既に保存されている情報へのアクセスを行う場合には、加入者または利用者が、明確で包括的な情報の提供に基づいて明示的に同意した条件にしたがって行われなければならないとしている。この規定が導入されたため、EU域内のウェブサイトが、いっせいに「cookieを取得してもよいか？」というポップアップを出すようになった。

　cookieとは、ウェブサイトにアクセスした利用者をウェブサーバ側でチェックできるようにするために設けられた機能である（図2-1）。cookieを使用しているウェブサイトを利用者が閲覧すると、ウェブサーバから利用者のブラウザにcookie情報（テキストファイル）が送信され保存される。同じブラウザから再びこのウェブサイトにアクセスすると、ウェブサーバにcookie情報が送信されるため、過去にアクセスした利用者であることが確認できる。

　なお、cookieは、ウェブサイトへのアクセスを安定して行うためにも利用されている。例えば、ログインしたユーザがページを移動しても再度ログインをしなくてすむように、一時的なcookie（session cookie）を使って接続が維

第2章　GDPRの規制内容　069

図2-1

cookieのイメージ

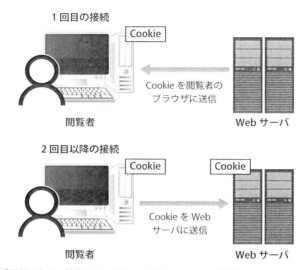

出典：総務省「国民のための情報セキュリティサイト」Coookieの仕組み http://www.soumu.go.jp/main_sosiki/joho_tsusin/security_previous/ 等をもとに作成

持されることがある。eプライバシー指令でも、このように、通信の伝送やユーザとの安定的なやり取りを確保するためのcookieについては、同意が不要である[13]。

後述のeプライバシー規則案では、エンドユーザが訪れたサイトの閲覧数カウントだけに利用される場合にも、本人の同意等がなくてもcookieを利用できることが明確化されている（第8条1項 (d) 号）。

欧州委員会がcookieについて説明しているウェブサイトでは、cookieに同意が必要な場合に、自動的にページにポップアップが表示されるツールを提

---

13) European Commission Information Providers Guide, Cookies, http://ec.europa.eu/ipg/basics/legal/cookies/index_en.htm

図2-2
欧州委員会による「cookie」の説明

出 典：European Commission Information Providers Guide, Cookies,（http://ec.europa.eu/ipg/basics/legal/cookies/index_en.htm）

供している（図2-2）。

　eプライバシー指令については、GDPRの成立を踏まえて、ネットワーク上の新たな問題に対応するための改正が検討されている。2017年1月に欧州委員会がeプライバシー規則を提案し[14]、これに対して欧州議会の委員会（LIBE：市民的自由・司法・内務委員会）が2017年10月に修正採択を行い、その後、閣僚理事会から何度も修正案が出されている。このように議論の途上にあるため、最終的な規制内容がどのようなものになるかは不明であるが、現在公表されている規則案では、対象事業者、保護内容、地理的適用範囲等が拡大されている。

　まず、対象事業者については、コミュニケーション手段が多様化していることを踏まえ、インターネット接続や従来型の電気通信サービスだけで

---

14) European Commission, Proposal for ePrivacy Regulation, https://ec.europa.eu/digital-single-market/en/proposal-eprivacy-regulation

なく、IP通話、メッセージングサービス、ウェブメールサービス等にまで拡大している（前文（11）項）。したがって、WhatsApp, Facebook Messenger, Skype, Gmail, iMessage, Viberのような新しい電気通信サービスの提供事業者も対象になる。

　また、保護内容として、通信の秘密として保護される「電気通信データ」に、通信内容だけでなく、電気通信メタデータ[15]が含まれている。

　事業者が電気通信データを処理することができるのは、電気通信の伝送やネットワークの安全を維持するなど正当な理由がある場合に限られ（第6条1項）、電気通信メタデータについては、①EUの法令に基づいて要求されているサービスの品質水準を満たすために必要な場合、②電気通信サービスに関する料金請求・相互接続料金支払いのための計算、不正行為や不正利用の検知と停止・電気通信サービスへの加入手続き等に必要な場合、③利用者が自分に関するメタデータを自分へのサービス提供などの特定の目的のために処理することについて同意を与えている場合であって、匿名化された情報では目的を達成することが出来ない場合、④人の生命に関する利益を保護するためであってEUまたは加盟国法の要請に基づく場合、に限られる（第6条2項）[16]。

　次に、地理的適用範囲についても、EU域内のエンドユーザを対象にサービスを提供していれば、EU域外のサービス提供者も規制の対象となることが明確にされている[17]。

　eプライバシー指令の規定は、EU域内で提供される電気通信サービスを対象としており、域外の企業等への適用が排除されているわけではない。例えばcookieに関しては、日本企業でも、EU市民等の閲覧が予想されるウェ

---

15)　電気通信メタデータとは、「電気通信コンテンツを伝送、配信、または交換する目的で、電気通信ネットワークサービスによって処理されるデータであり、通信の送信元や送信先を追跡および識別するために使われるデータ、電気通信サービスの提供に関連して生成されたデバイスの位置情報、および通信の日付、時刻、期間、タイプなどが含まれる（第4条3項(d)号）」eプライバシー規則案2019年2月15日提案版）。

ブサイトで確認のポップアップを出しているところがある。

　しかし、指令は各加盟国が立法しその立法に基づいて執行を行うものであり、今までのところEU域外の事業者に対して積極的に規制が行われているわけではない。これに対して、eプラバシー規則案は、EU域内に利用者のいるサービス提供者に対して直接拘束力を持ち、制裁金等の規定もある。これが成立すれば、かなり広範な事業者が影響を受ける可能性がある。

16）　対象事業者や電気通信メタデータについては、日本の制度で既にカバーされているものも多い。わが国では、クローズド・チャット、出会い系サイト、電子メール運営のためのホスティング、国外サーバを用いた電子メール等が、電気通信事業法の規制対象に含まれている（総務省「電気通信事業参入マニアル［追補版］-届出等の要否に関する考え方及び事例-」（平成17年8月18日））。また、通信の秘密に関する規制は保護範囲も広く、現在でもメタデータに当たる情報の多くが通信の秘密として保護されている。そして、通信の秘密にあたる情報を利用できるのは、通信役務を提供する目的やネットワークの安全を維持する目的に限られ、それ以外の利用に際しては本人の同意を得ることが原則となっている（小向太郎『情報法入門：デジタル・ネットワークの法律』（NTT出版、第4版、2018年）37-49頁参照）。ただし、eプライバシー規則が、日本では電気通信事業と認識されていない事業者やサービスについて規制対象とする可能性もあるため、注意は必要だろう。

17）　「EU域内にいるエンドユーザへの電気通信サービスの提供」「送信中の電気通信コンテンツの処理、およびEU域内にいるエンドユーザの電気通信メタデータの処理」「EU域内にいるエンドユーザの端末機器情報の保護」「インターネット上での情報の検索および提示を含む、電子通信を許可するソフトウェアのEU市場への投入」「EU域内にいるエンドユーザへのダイレクトマーケティングコミュニケーションの送信または提示」等を広く適用対象としようとしている（第3条）。

第2章　GDPRの規制内容　　073

2.2 | GDPRによって保護されている権利

2.2.1 ▸ 本人の諸権利と情報提供の透明性

ポイント

- GDPRの第3章（第12条から第23条）は、「本人（データ主体）の権利」に関する規定である。
- 情報提供の透明性（第12条）は、GDPRが管理者に求める本人への情報提供について、その基本的な考え方を定めたものである。
- GDPRは基本原則のなかでも特に透明性の確保を重視している。透明性を確保するためには、本人に自分の個人データがどのように利用されているかについて、基本的な情報が知らされていなければならない。
- 適正な透明性を確保するために、本人が明瞭かつ平易な文言を用いた簡潔、透明で、理解しやすい情報を、容易に入手できるようにすることが、管理者には求められている。
- 管理者は、本人が自分の権利を容易に行使できるようにしなければならない。本人から権利行使があった場合には、原則として、1カ月以内に対応しなければならない。
- プライバシーポリシーは、ウェブサイトの各ページ上で明示しなければならない。アプリケーションに特化したポリシーを作成すべきであり、単なる汎用的、一般的なプライバシーポリシーは認められない。
- 「明瞭かつ平易な文言」とは、抽象的で曖昧な用語や、他の解釈が可能な形での表現を含まないものである。特に、個人データの取扱目的と法的根拠は明確でなければならない。

表2-6

本人の諸権利に関する規定

条文	規定	概要
第12条	情報提供の透明性	管理者は、本人に対してわかりやすい情報提供の措置を講じなければならない
第13〜第15条	情報提供およびアクセス権	・本人からの取得、本人以外からの取得のそれぞれについて、所定の項目についての情報提供をしなければならない ・自分のデータにアクセスできる権利が保障される
第17条	削除権(「忘れられる権利」)	管理者に対して自己に関する個人データの削除を求める権利が保障される
第20条	データ・ポータビリティの権利	管理者に提供した個人データを他の管理者に移す権利が保障される(クラウド・コンピューティングやソーシャル・ネットワークサービスなどを想定)
第21条〜第22条	異議申立権、自動処理決定(プロファイリング関係)	・処理に対して異議申立をする権利が保障される(プロファイリングへの異議申立も含む) ・コンピュータ処理のみによる不利益な判断に服さない権利が保障される

出典:GDPRの条文をもとに筆者作成

　GDPRの第3章(第12条から第23条)は、本人の権利に関する規定であり、表2-6のような権利について定めている。

　本人の権利に関する条文の冒頭に置かれた「情報提供の透明性(第12条)」は、GDPRが管理者に求める本人への情報提供について、その基本的な考え方を定めたものである。

　GDPRは、基本原則の中でも、特に個人情報の処理に関する透明性の確保を重視している。自分の個人データが誰によってどのように処理されているかを認識できなければ、そもそも権利行使することは不可能だからである。GDPR第13条から第22条が、管理者に対して、本人が権利行使するうえでの基本的な情報提供を求めているのはそのためである。

　さらに第34条は、個人データに侵害が生じた場合であって、かつ本人に危険が及ぶ可能性が高いときには、本人に通知を行うことも求めている。第

12条はこうした本人への情報提供に際し、管理者が留意すべき事項を定めている。

管理者は、本人が明瞭かつ平易な文言で書かれた簡潔、透明で、理解しやすい情報を容易に入手できるようにしなければならない。特にその本人が児童である場合は、十分な配慮が求められる。なお、情報提供は電子、紙、口頭（ただし本人確認できる場合）のいずれの方法でも認められる。

また、管理者は、GDPRで認められた本人の権利行使を容易にしなければならない。本人から権利行使を受けた場合には、原則として、1カ月以内に応答しなければならない。管理者は、権利行使に応じない場合は、本人に対して、遅くとも請求を受けてから1カ月以内に、応じない理由を伝えるとともに、監督機関への不服申立や司法救済が可能であることを通知しなければならない。

こうした情報提供等は無料で行われる。ただし根拠をもたない請求や過度な請求、繰り返し行われる請求に対しては、管理者は適切な手数料を徴収するか、請求を拒否することができる。

EUは、透明性に関するガイドライン[18]を公表しており、そこでは次のような考え方が示されている。その原則となるポイントは、処理の範囲とそれに伴う結果を本人が事前に理解し、個人データの利用方法について後から驚かされることがないようにすべきである、という点にある。

「容易に入手できる」とは、本人が情報を探すのではなく、利用できる情報を直ちに理解できなければならないことを意味する。例えば、オンライン上のレイヤー別プライバシー通知、FAQ、本人がオンラインフォームに入力した際のポップアップ、チャットボット・インターフェイスを介した対話式のデジタル環境などが挙げられる。

プライバシー通知へのリンクには、一般的な用語（「プライバシー」「プライバ

---

18) 第29条作業部会「透明性に関するガイドライン」（2017年11月29日、最終改正2018年4月11日）。

シーポリシー」または「データ保護通知」など）を使用し、ウェブサイトの各ページ上で明示しなければならない。オンラインストアからアプリがインストールされた後も、「2度のタップ」（アプリのメニュー機能内の「プライバシー/データ保護」の選択を含むことにより）を超える手間をかけないのが、この要件を満たす1つの方法である。プライバシー情報は、そのアプリに固有のものでなければならず、単なる汎用的、一般的なプライバシーポリシーは認められない。

「明瞭かつ平易な文言」とは、複雑な文や構文を避け、できる限り簡単に与えられなければならないことを意味する。抽象的で曖昧な用語を用いたり、他の解釈が可能な言いまわしで表現してはならない。特に、個人データの取扱目的と法的根拠は明確でなければならない。

例えば次のような記述は、明確に示されているとは言えない事例である。

- 「新サービスを開発するのにあなたの個人データを使うかもしれません」（→どんな「サービス」であり、サービス開発にデータがどのように役立つかが不明確）
- 「研究目的であなたのデータを使うかもしれません」（→どのような類の「研究」を指しているかが不明確）
- 「個人向けサービスを提供するのにあなたの個人データを使うかもしれません」（→どのような「個人向け」サービスが伴うのか不明確）

これに対し、次のような記述には、明確性が認められる。

- 「我々はあなたの購入履歴を保有し、以前に購入した商品に関する情報を用いて、あなたが関心を持つであろうと思われる他の製品の提案を行います」（→取り扱われるデータの種類、本人が製品のターゲティング広告の対象となること、それを可能にするためにデータを用いることが明示されている）
- 「我々は、お客様の最近のウェブサイト訪問に関する情報と、ウェブ

サイトの別セクションをあなたがどのように移動するかについての情報を保有し、価値づけています。それは、お客様が我々のウェブサイトをどのように利用するかを理解し、ウェブサイトをより直感的なものにするための分析を目的とします」（→取り扱われるデータの種類と管理者が行おうとする分析の種類が明確）

- 「我々は、あなたがクリックしたウェブサイト上の記事に関する記録を保有し、その情報を用いて、お客様の関心に沿ってターゲティング広告をこのウェブサイト上で行います。それはお客様が読んだ記事に基づいて特定したものです」（→いかにして個別化するのか、本人の関心をどのようにして特定したかが明確）

「書面または他の手段」については、基本的には書面による記述を念頭に置いているが、電子的手段を含む他の方法も認められる。ウェブサイト上では階層別ポリシーや通知を用いて、最も関心の高いプライバシーポリシーや通知の特定のページに辿り着けるようにすることが推奨される。ほかにも、「適時」のポップアップ、3Dタッチやカーソルを合わせる方法による通知、プライバシー・ダッシュボードなどがある。

「適切な措置」としては、特に製品/サービスのユーザエクスペリエンスに照らして適切な措置を評価することが求められる。利用するデバイス、管理者と利用者のインターフェイス/意思疎通（利用者の「履歴」: the user "journey"）等を考慮に入れることが望ましい。

2.2.2 ▶ 情報提供およびアクセス権

ポイント

- GDPRは管理者に対し、個人データを取得する際に、本人（データ主体）に一定の情報を提供することを求めている（第13条：本人からの直接

取得の場合、第14条：本人以外からの間接取得の場合）。

- 提供すべき情報には、管理者の身元および連絡先、データ保護責任者（DPO）の連絡先、個人データの処理目的、処理の法的根拠等が含まれる。
- アクセス権は、本人が管理者に対し、自分の個人データが取り扱われているか否かを確認し、個人データおよびGDPRが定める一定の情報を提供させる権利である。
- 訂正権は、本人が管理者に対し、自分に関する不正確な個人データを訂正させる権利である。管理者は過度に遅滞することなく、これに応じなければならない。

（1）情報提供義務（第13条、第14条）

　GDPRは、管理者に対して、個人データを取得する際に、本人に一定の情報を提供することを求めている（第13条：本人からの直接取得の場合、第14条：本人以外からの間接取得の場合）。提供すべき情報は、管理者および（該当する場合には）代理人の身元および連絡先、データ保護責任者（DPO：Data Protection Officer）の連絡先、個人データの処理目的、処理の法的根拠、管理者または第三者が追求する適法な利益、個人データの受領者、管理者が越境移転を意図していること、欧州委員会による十分性認定の存否等である。本人以外から取得する場合は、個人データの情報源も提供すべき情報に含まれ、特に公開されている情報源から取得したものかどうかを明らかにしなければならない。

　直接取得の場合は取得時点において、間接取得の場合は遅くとも個人データの取得後1カ月以内に、情報を提供しなければならない。

　前記の透明性ガイドラインでは、直接取得（第13条）と間接取得（第14条）について、次のような説明がなされている。

第2章　GDPRの規制内容　　079

直接取得（第13条）

- 本人が意識的に管理者に提供した場合（オンラインフォームに記入する場合）
- 管理者が観察によって本人から取得した場合（カメラ、ネットワーク機器、Wi-Fi追跡、RFIDまたは他の種類のセンサーなど、自動データキャプチャ装置またはデータキャプチャソフトを用いるなど）

間接取得（第14条）

- 管理者が第三者の管理者、公開されている情報源、データブローカー、または他の個人から情報を取得した場合

　本人が情報によって疲弊することを避けるため、画面上の1つの通知の中に全ての情報を示すよりも、プライバシー通知を階層化して、本人に種々の情報へとリンクさせることが推奨される。第1層には、処理目的、管理者の身元、および本人の権利の詳細を含めるべきである。この情報は例えば、オンライン書式に本人が記入する場合など、個人データの取得時に本人の注意を促すものであるべきだろう。第1層には、本人に最も影響を与え、本人の予想外となる可能性のある情報があれば、それも含むべきであるとされている。

　現行のプライバシー通知の内容を大幅に変更し、目的外に利用する場合には、本人への影響や、本人が予期しない、あるいは、驚くべき変更であるかどうかを考慮しなければならない。処理目的の変更、管理者の身元の変更、本人の権利行使方法の変更を行う場合は、常に通知を行うべきである。既存の顧客やユーザのほとんどは、プライバシー通知の変更を一瞥するだけであるため、管理者は、通知を受領したほぼ全ての者が実際に気付く方法で、これらの変更を確実に連絡できるような措置を講じなければならない。例えば電子メール、手紙、ポップアップ等がある。

　GDPRは情報変更の通知時期を定めていないが、変更がデータ処理の性質を根本的に変える類のものである場合（例えば、受領者の範囲を拡大したり第三

者へ転送する場合等）や、本人に影響を与える可能性がある場合には、実際の変更よりも相当前に情報を提供しなければならない。

プライバシー通知が大幅に変更されない場合でも、管理者は長期間にわたりサービスを利用してきた本人に対しては、説明責任の原則に従い、リマインドを発するか否か、どの程度の間隔でリマインドを発するのが適切かについて検討するよう求められる。

（2）アクセス権（第15条）

本人は、管理者に対し、自分に関する個人データが取り扱われているか否かの確認をとる権利、および、個人データおよび所定の情報にアクセスする権利（開示請求権）を有する。

所定の情報とは、処理目的、個人データの種類、個人データの受領者（特にデータの越境移転先）、個人データの保存期間、本人に与えられる権利の存在、監督機関への苦情申立権、間接取得の場合の情報源、コンピュータ処理に基づく個人に関する決定の存在、その場合における決定の根拠（法文上は関連する論理についての意味ある情報）、当該処理が本人に与える結果の重大性および予測される結果、のことを指す。

（3）訂正権（第16条）

本人は管理者に対し、過度に遅滞することなく、自分に関する不正確な個人データを訂正させる権利を有する。本人は補足的説明を行う方法などによって、不完全な個人データを完全にする権利を有する。

第2章　GDPRの規制内容　081

2.2.3 ▸ 削除権（「忘れられる権利」）[19]

ポイント

- GDPR第17条は、削除権（「忘れられる権利」）を本人（データ主体）の権利として認める規定である。

- 本人は、個人データの収集・処理目的との関係で必要性がなくなった時や、個人データの処理に対する同意を撤回した場合など、所定の要件に該当する際には、自分に関する個人データを管理者に削除させることができる。管理者は個人データを削除する義務を負う。

- 個人データの正確性に問題があり、処理を制限する必要があると本人が考えた場合は、「処理制限への権利」（第18条）に基づき、個人データを削除せずにその処理を制限させる権利が本人に保障されている。

- いわゆる「忘れられる権利」は、自分に関する過去の個人データの削除等を求める権利である。これまでは検索エンジン事業者に対する検索結果の削除請求を巡って争われてきたが、GDPRの削除権（「忘れられる権利」）（第17条）は、検索エンジン事業者にその対象を限定していない。

　GDPR第17条は、削除権（「忘れられる権利」）を本人の権利として認める規定である。削除権（忘れられる権利）とは、自分に関する過去の個人データの削除等を求める権利である。本人は、個人データの収集・処理目的との関係で必要性がなくなった時や、個人データの処理に対する同意を撤回した場合、処理への異議を申し立てた場合、個人データが違法に処理された場合な

19）　欧州司法裁判所判決については、石井夏生利「「忘れられる権利」をめぐる論議の意義」情報管理第58巻4号（2015年）271‐285頁、日本の最高裁決定については、同「グーグル検索結果削除請求事件最高裁決定（最三決29・1・31）」判例時報第2353号148〜154頁（2018年2月）等。

ど、所定の要件に該当する際には、自分に関する個人データを管理者に削除させる権利を有する。また管理者は、個人データを削除する義務を負う。削除は過度に遅滞することなく（できるだけ速やかに）行われなければならない。

　管理者は、削除義務を負う個人データを公開していた場合、同じ個人データを処理する他の管理者に対し、本人の削除請求を通知するための措置を講じなければならない。他方、これらの権利義務は、表現の自由の行使、管理者による法的義務の遵守、公益目的、管理者による公的権限の行使、訴えの提起、攻撃または防御といった場合には、適用されない。

　さらに第18条は、「処理制限への権利」を定めており、本人には個人データを削除せずに、その処理を制限させる権利が認められている。この権利を行使できるのは、本人が個人データの正確性に異議を唱えた場合に、管理者が個人データの正確性を確認する間や、違法な処理がなされた場合に、個人データを削除する代わりに本人が利用制限を請求したときなどである。

　第19条は、「個人データの訂正もしくは削除または処理制限に関する通知義務」を定めている。管理者は、第16条から第18条に基づく個人データの訂正、削除、処理制限を請求された場合には、個人データの受領者に通知しなければならない。

　なお、本人が自分に関する情報の削除を求めることができるという意味での「忘れられる権利」は、GDPR以前の95年個人データ保護指令でも、特に検索結果の削除請求との関係で議論され、解釈上認められてきた。GDPRの削除権（忘れられる権利）は、検索エンジン事業者のみを対象にしたものではないが、実際に争われているのは検索エンジン事業者に対する検索結果の削除請求権である。検索結果の削除請求に関しては欧州司法裁判所の先決判決や、日本の最高裁決定が下されたことなどから、日本国内でも話題となった。

　欧州司法裁判所の先決判決は2014年5月13日、グーグルに対し16年前に新聞社が公開した不動産競売公告のウェブページへのリンクを削除するよう命じた判決である。削除を請求したのは、スペインの弁護士マリオ・コステ

ハ・ゴンザレスという人物であった。

　先決判決とは、国内裁判所から照会を受けた問題について、欧州司法裁判所が、EU全域でEU法の統一的解釈を行うために回答を示す判決のことをいう[20]。この事件では、欧州司法裁判所は、新聞社のウェブページからその氏名または情報が削除されない場合でも、それらのページ上に公開すること自体が適法であったとしても、グーグルには検索結果の削除義務があると判断した。これは、新聞社のウェブページに情報が残り続けても、検索結果からはリンクを削除しなければならないという意味である。

　先決判決は、EU基本権憲章第7条（私生活および家庭生活の尊重）および第8条（個人データの保護）に基づく基本的権利に照らし、本人の削除請求権は、原則として、検索エンジン事業者の経済的利益のみならず、一般公衆が氏名検索を通じて情報を発見する利益に優越すると述べており、削除請求者側に有利な判決となっている。なお、この事件はGDPRではなく、95年個人データ保護指令の解釈が争われたものであった。

　一方、欧州司法裁判所判決とは対照的に、日本の最高裁判所は、2017年1月31日、児童買春・ポルノ禁止法違反（買春）の容疑による逮捕事実に関する検索結果削除請求を退ける決定を下した。最高裁判所は、逮捕事実がプライバシーに属する事実であると認めつつ、検索結果を提供することの違法性を判断する際には、「当該事実を公表されない法的利益と当該URL等情報を検索結果として提供する理由に関する諸事情を比較衡量して判断すべきもので、その結果、当該事実を公表されない法的利益が優越することが明らかな場合には、検索事業者に対し、当該URL等情報を検索結果から削除することを求めることができるものと解するのが相当である」と判断した。「明らか」という点が検索事業者側に有利な判断を導くことになる。

　この事件では、①児童買春が児童に対する性的搾取および性的虐待であり、社会的に強い非難の対象とされ、罰則をもって禁止されていること、②

---

20)　庄司克宏『はじめてのEU法』（有斐閣、2015年）319-321頁ほか。

本件検索結果は削除請求者の居住する県の名称および削除請求者の氏名を条件とした場合の検索結果の一部であることなどからすると、本件事実が伝達される範囲はある程度限られたものであるとの評価が下された。その上で最高裁判所は、削除請求者が妻子と共に生活し、略式命令後は一定期間犯罪を犯すことなく民間企業で働いていたとしても、本件事実を公表されない法的利益が優越することが「明らか」であるとはいえない、との結論を下している。

2.2.4 ▸ データ・ポータビリティの権利[21]

ポイント

- データ・ポータビリティの権利（第20条）は、利用者が新しいサービスに移行したいと考える場合などを想定して新設された。本人（データ主体）がサービス事業者等に提供した自分の個人データを、新しい事業者に移転できるようにする権利である。
- 本人には、①自分の電子データのセットを管理者に提供させる権利、②電子データのセットの提供を受けた上で、ある管理者から他の管理者に移す権利、③技術的に実行可能であれば、個人データをある管理者から他の管理者に直接に移行させる権利、が認められている。
- この権利が認められるのは、処理が同意に基づく場合、または契約に基づく場合であり、かつコンピュータ処理されている場合に限られる。また、公的部門には適用されない。
- 対象情報も限定されており、オンラインフォームに記載した情報などの本人が自ら提供した情報と、ウェアラブルデバイスを通じて取得された情報などのライフログデータなどが対象となる。SNSで自分以外の者が投稿した情報や、管理者側で生成した派生データは含まれない。

---

21) 小向太郎「データポータビリティ」ジュリスト第1521号26-31頁（2018年7月）。

- この権利によって、既存の有力事業者から他の競争事業者への移行が促進され競争が活発になるのではないかと期待する声もある。だが、本当に競争環境の適正化に寄与するか否かははっきりしない。

（1）GDPRの規定

第20条「データ・ポータビリティの権利」（第20条）はGDPRで新しく設けられた権利である。クラウド・コンピューティングやソーシャル・ネットワーキング・サービスについて、利用者が新しいサービスに移行したいと考える場合などを想定して新設された。本人がサービス事業者等に提供した自分の個人データを、新しい事業者に移転できるようにする権利である。

本人に認められるのは、次の3つの権利だ。

①　管理者に提供した自己に関する個人データについて、構造化され、共通に利用され、機械で判読可能な形式により受け取る権利（電子データのセットを自分に戻す権利）
②　①のデータを、個人データの提供を受けた管理者に妨害されることなく、他の管理者に移す権利（自分に戻したデータセットを他の事業者に移す権利）
③　技術的に実行可能であれば、個人データをある管理者から他の管理者に直接に移行させる権利

この権利は、個人データの処理が同意に基づく場合、または、契約に基づく場合に、コンピュータ処理されている個人データについて行使できる。公的部門が処理する個人データについてはこの権利を行使することはできない。また、この権利の行使は、他者の権利および自由に悪影響を与えてはならないとされ、悪影響を与える場合には権利を行使できない。この権利を図に示すと次のようになる（図2-3）。

図2-3

データ・ポータビリティ権のイメージ図

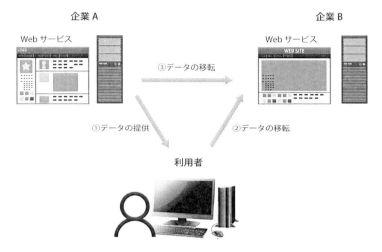

出典：第20条を参考に筆者作成

（2）ガイドライン

EUはデータ・ポータビリティ権に関するガイドライン[22]を公表しており、次のような考え方を示している。

①アクセス権との関係

データ・ポータビリティ権のうち、個人データを受領する権利は、アクセス権と重なる部分もある。だが、特に次のような場合にはアクセス権では本人の希望する情報を得ることができないため、データ・ポータビリティ権によって本人の権利を補完する必要がある。

---

[22] 第29条作業部会「データ・ポータビリティ権に関するガイドライン」（2016年12月13日採択、最終改正2017年4月5日）。

- 本人が音楽ストリーミングサービスから現在のプレイリスト（または聴いた楽曲の履歴）を受け取り、特定の楽曲を聴いた回数を確認したり、他のプラットフォームで購入したり、または、聴きたい楽曲を確認する場合
- ウェブメールアプリから連絡先を受け取り、結婚式の招待客リストを作成したり、別々のロイヤルティカードを用いて購入履歴を取得したり、または、自己の二酸化炭素排出量を算出する場合

②本人の同意または契約に基づく個人データの処理

　データ・ポータビリティ権の対象となるのは、本人の同意または契約に基づいて処理される個人データである（第20条1項）。典型的な例として、個人がオンライン書店で購入した書籍のタイトル、音楽ストリーミングサービスを通じて聴いた楽曲などが対象となる。

　例えば金融機関は、マネーロンダリングや他の金融犯罪を防止・探知するための義務の一部として取り扱っている個人データについて、ポータビリティ請求に応じる必要はない。同様に、データ・ポータビリティ権は、事業者間の仕事上の連絡先は対象としていない。

　また、従業員データの場合、データ・ポータビリティ権は、その本人が契約当事者である場合にのみ認められるのが典型的である。多くの場合、雇用者と従業員間には力の不均衡があるため、この文脈においては、同意の任意性は認められない。人事処理は、むしろ適法な利益に基づくか、または雇用分野における特定の法的義務を遵守するために必要とされる。

　データ・ポータビリティ権にもとづいて移転を請求するためには、対象となるデータが、(a) 本人に関する個人データ、(b) 本人が提供した個人データ、という2つの要件を満たす必要がある。

　まず、(a) 本人に関する個人データは、過度に制限的に解釈すべきではない。例えば、通話記録、個人間のメッセージ交換記録、IP電話記録には（契

約者のアカウント履歴において）発着信に関連する第三者の情報が含まれうる。記録には複数人に関する個人データが含まれる場合もあるが、それらの記録は本人にも関係することから、データ・ポータビリティ請求が認められる。

次に、(b) は、データの範囲を「本人が提供した」ものに限定するために設けられた要件である。例えば、本人が積極的かつ意図的に提供したデータ（メールアドレス、ユーザ名、年齢等）やサービスまたはデバイスの利用によって本人が提供した観測データ（個人の検索履歴、トラフィックデータ、位置データ、ウェアラブルデバイスによって追跡される心拍数などの他の生データ）は含まれる。

しかし、生のスマートメータのデータの分析から生成された利用者プロフィールなど、（観測データまたは入力など直接に提供されたデータを用いて）管理者が生成したデータは、データ・ポータビリティ権の対象とはならない。これは、「本人により提供された」データに基づき、管理者が生成したものである。例えば、健康に関する評価結果や、リスクマネジメントおよび金融規制（信用評価や、反マネーロンダリング規則への遵守など）の文脈で生成されたプロフィールは、それ自体は本人により「提供された」ものではない。そのため、サービス提供者が作成した「推測データ」および「派生データ」は除外すべきである（例えばアルゴリズムの結果など）。

③他者の権利との関係

データ・ポータビリティ権は、他者の権利および自由に不利な影響を与えてはならないとされている（第20条4項）。不利な影響とは、例えば、ある管理者から他の管理者へのデータ移行がなされるときに、第三者が自分の権利行使を妨げられた場合に生じる。例えば、本人の銀行口座が、口座名義人のみならず他の個人（他の個人が口座名義人に送金した場合など）の取引に関する個人データを含むことがある。第三者の権利および自由は、ポータビリティ権が行使されても、そのデータが同じ目的で利用される場合には（すなわち、本人のみが利用する連絡先や本人の口座履歴）、口座名義人への銀行口座情報の移転によって不利な影響を受ける可能性は低い。

逆に、本人のディレクトリに含まれる他者の情報をマーケティング目的で利用するなど、新たな管理者が新たな目的に利用する場合には、第三者の権利自由は尊重されているとは言えない。したがって、受領側の新たな管理者は、製品やサービス販売を提案するなど、自己目的のために移行データを利用することはできない。管理者が第三者の個人データを既に保有していたとしても、その者に関する情報を抽出し、特定のプロフィールを作成してはならない。

④他の管理者へのデータ移転

データ・ポータビリティ権の行使に際し、他の管理者への移転は、元の管理者の妨害を受けることなく行われなければならない（第20条1項）。この「妨害」（hindrance）とは、本人や新しい管理者の個人データへのアクセスや再利用を困難にするために元の管理者がなんらかの障壁を設けることを指し、法的なもの、技術的なもの、経済的なものなどが考えられる。

例えばデータ移転のための手数料を課すこと、データフォーマットに相互運用性を持たせないこと、全体のデータセットから抽出することを過度に遅延させること、データセットを意図的に読み取りにくくすること、過度な業界標準を設けようとすること、などがある。

また、技術的に可能な場合には、元の管理者から新しい管理者に、直接個人データを移転できるようにする権利が、本人に認められている（第20条2項）。問題となるのは「技術的に可能な場合」とは、どんな場合を意味するのかである。

管理者は、相互運用可能なフォーマットで個人データの移転を行うことを期待されるが、他の管理者がこれらのフォーマットを利用できるように支援する義務を課せられるわけではない。管理者間の直接移転は、2つのシステム間の通信が可能であり、安全で、受領システムがデータを技術的に受け取ることのできる立場にある場合にのみ、管理者に義務付けられる。つまり、これを実現するために新たな技術開発や投資を行うことは求められていな

い。ただし、技術的障害により移転ができない場合は、これらの障害を本人に説明しなければならない (第12条4項)。

なお、データ・ポータビリティは、相互運用可能なシステムを設けることを意図しており、互換性のあるシステムの構築を求めるものではないとされている (前文 (68) 項)。これは、データの移転を可能にすることを求めるものであって、システム間でデータを互換的に利用できるようにするものではないという意味である。

フォーマットが共通するかたちで利用されていない場合、管理者は、共通で利用されるオープンフォーマット (XML、JSON、CSVなど) を用いて個人データを提供することを期待されている。また、事業関係者と業界団体が協力して、データ・ポータビリティ権の要件を満たすための、共通の一連の相互運用標準および書式を設けることが強く推奨されている。

(3) 競争法との関係

データ・ポータビリティ権とは、ある管理者から他の管理者へと個人データを移行することを認めた権利である。消費者が個人データをコントロールする権利の付与だけでなく、個人データの「囲い込み」を防止することで、既存事業者以外の新規参入を促進してイノベーション創出の機会を増加させることや、本人のコントロールに基づく管理者間での安心かつ安全な個人データ共有の機会を促進させることも期待されている。

EUのガイドラインでも、このような「囲い込み」防止による消費者への権利付与に言及している。欧州委員会も、巨大IT事業者に支配されたデータの市場にスタートアップ事業者や小規模事業者がアクセスできるようにし、プライバシーフレンドリーな解決で消費者を引きつけるといった説明をしている[23]。

しかし、GDPRはあくまで個人データ保護を主目的に、個人の「権利」としてデータ・ポータビリティを規定しており、競争環境が適正化したとしても、それは副次的なものに過ぎない。ガイドラインも、GDPRは競争に

関するものではなく、個人データに関するものであるという立場を明らかにしている。競争政策の手段としてのデータ・ポータビリティは、個人の権利性を除外し、非個人データを含めた検討が必要である。

なお、2017年9月13日、欧州委員会は、欧州議会および理事会に対して、規則を制定するための「EUにおける非個人データの自由な流通のための枠組」[24]を提案した。最終的に、「EU内の非個人データの自由な流通のための枠組に関する2018年11月14日の欧州議会および理事会の規則（EU）2018/1807」[25]として成立した。この規則は、「データ・ポーティング」を定め、プロバイダの変更を促進する最良実務に関するガイドラインを設けるための、EUレベルでの自主規制行動原則の策定奨励を謳っている（同規則第6条）。

また、この規則はデータ・ローカライゼーション[26]を禁止していることでも注目を集めている（同規則第4条）。これらの規制枠組は、個人データ以外の電子データに関係するものであり、GDPR、電子通信プライバシー指令、刑事司法指令には影響しないことを明記することでその立場を明確に分けている（前文（8）項）。ただし、これらを総合した包括的かつ一貫した枠組みは、デジタル単一市場におけるデータの自由な移動を可能にすることを目指して

---

23) Věra Jourová, *The EU Data Protection Reform and Big Data*, https://publications.europa.eu/en/publication-detail/-/publication/51fc3ba6-e601-11e7-9749-01aa75ed71a1/language-en/format-PDF

24) European Commission, *Proposal for a Regulation of the European Parliament and of the Council on a framework for the free flow of non-personal data in the European Union*, https://eur-lex.europa.eu/legal-content/EN/TXT/?uri=COM%3A2017%3A495%3AFIN

25) European Union, *Regulation（EU）2018/1807 of the European Parliament and of the Council of 14 November 2018 on a framework for the free flow of non-personal data in the European Union*, https://eur-lex.europa.eu/legal-content/EN/TXT/?uri=uriserv:OJ.L_.2018.303.01.0059.01.ENG

26) 「データ・ローカライゼーション義務」とは、加盟国の法、規則または行政規定に定められた、あらゆる義務、禁止、条件、制限または他の要件であって、特定の加盟国の領域内におけるデータの保存もしくは他の処理を義務づけ、または、他のあらゆる加盟国における保存その他の処理を妨げるものをいう（同規則第3条5項）。

いる。

2.2.5 ▸ 異議申立権、自動処理決定(プロファイリング関係)[27]

> **ポイント**
> - GDPRは、本人 (データ主体) に、個人データが「公的利益または公的
>   権限の遂行」または「適法な利益」の適法化根拠に基づいて処理され
>   ている (第6条第1項 (e)～(f)) 場合、その処理に対して、いつでも異議
>   申立てを行う権利を認めている (第21条)。この処理には、プロファイ
>   リングが含まれる。
> - 「プロファイリング」とは、個人を評価することを目的とした、コン
>   ピュータによる個人データ処理を意味する。
> - 管理者は、ダイレクト・マーケティング目的のための処理に対する異
>   議を申し立てられた場合、その処理を止めなければならない。
> - 本人は、「プロファイリング」のようなコンピュータの自動処理のみ
>   によって、自分について何らかの法的効果をもたらしたり、それに類
>   する重大な影響を自分にもたらしたりする事項を決定されない権利を
>   有する (第22条)。

(1) 異議申立権(第21条)

　GDPRは本人に、個人データが「公的利益または公的権限の遂行」また
は「適法な利益」の適法化根拠に基づいて処理されている (第6条1項 (e)～
(f) 号) 場合に、その処理に対して、いつでも異議申立てを行う権利を認めて
いる (第21条)。

　この処理には「プロファイリング」が含まれる。「プロファイリング」と

---

27) 石井夏生利「プロファイリング規制」ジュリスト第1521号32～37頁 (2018年7月)。

は、個人を評価するために行われるコンピュータによる個人データ処理のことを指す。正確には「自然人に関するある一定の個人的な側面を評価するために、特に、当該自然人の業績、経済状況、健康、個人的嗜好、興味、信頼性、行動、位置または移動に関連する側面を分析しまたは予測するために、個人データの利用から構成されるあらゆる形態による個人データの自動処理」（第4条4項）と定義されている。

　異議申立てが行われた場合には、管理者は、本人の利益・権利・自由よりも処理が優越することや、訴訟上の必要があることなどの、やむを得ない適法な根拠を証明しない限り、個人データを処理できなくなる。個人データがダイレクト・マーケティング目的のために処理されている場合であれば、本人はいつでも異議申立を行うことができる。異議申立が行われたあとは、ダイレクト・マーケティング目的のための個人データ処理は認められない（第21条2項、3項）。

(2) プロファイリングのような自動処理による個人に関する決定（第22条）

　本人は、「プロファイリング」のようなコンピュータの自動処理のみによって、自分について何らかの法的効果をもたらしたり、それに類する重大な影響を自分にもたらしたりする事項を決定されない権利を有する（第22条1項）。

　ただしこの権利は、決定が①本人と管理者間の契約締結または履行に必要である、②管理者が服するEU法または加盟国法によって認められており、本人の権利、自由、適法な利益を保護するための適切な措置が定められている、③本人の明示的な同意に基づいている、のいずれかに該当するときには適用されない（第22条2項）。

　上記①および③の場合、管理者は、本人の権利、自由、適法な利益を保護するための適切な措置を実施しなければならない。少なくともそれには、管理者側で人を介在させる権利、本人が自己の意見を表明する権利、および決定に異議を唱える権利が含まれる。②の保護措置はEU法または加盟国法の

中で定められる。

　つまり原則として、本人は、コンピュータ処理のみに基づく不利な決定に服さなくてもよい。①〜③の場合には決定に服することもあるが、保護措置（人の介在、意見表明、異議申立権）が保証される。

　他方、この①〜③の例外は、第9条1項の特別な種類の個人データ（いわゆるセンシティブデータ）には適用されない。ただしこの場合でも、本人の明示的な同意がある場合や、EU法または加盟国法に基づく重要な公益を理由とする場合であって、本人の権利および自由に加えて、適法な利益を保護するための適切な措置が講じられている場合は、①〜③の例外も適用される。すなわち、特別な条件下では、センシティブデータに基づく自動処理決定が認められる場合もある。

　「何らかの法的効果をもたらしたり、それに類する重大な影響を自分にもたらしたりする事項」には、オンライン上の貸付申請の自動的拒否や、人間を介在させない採用活動などが該当する。GDPRの前文では、管理者は、個人データが処理される具体的状況および文脈を考慮に入れ、プロファイリングに対する適切な数学的または統計的手順を用いるべきであり、適切な技術的・組織的措置を実施すべきである、と説明している（前文（71）項）。これは、個人データが不正確な結果となる要素を正し、間違いのリスクを軽減し、本人の利益および権利に関わる潜在的リスクを考慮に入れる方法で、センシティブデータに基づく本人への差別的効果を防ぐことを意図している。

（3）ガイドライン

　EUの自動処理決定とプロファイリングに関するガイドライン[28]では、次のような考え方が示されている。

　プロファイリングは統計的推論を行う手続きであり、自動的であること、

28）　第29条作業部会「自動処理による個人に関する決定及びプロファイリングに関するガイドライン」（2017年10月3日、最終改正2018年2月6日）。

第2章　GDPRの規制内容　　095

個人データに関すること、個人的側面を評価すること、の3つの特徴をもつ。

自動的決定とプロファイリングは異なる内容を指すことばであるが、部分的に重複する。自動的決定とは、人の関与なく技術的手段によって決定する機能のことをいい、あらゆる種類のデータに基づき行うことができる。例えば、当該個人から直接に提供されるデータ（質問への回答など）、個人に関する観察データ（アプリを介して収集される位置データなど）、既に生成された個人のプロフィールなど、派生または推測されたデータ（信用評価など）が用いられることがある。

プロファイリングには、①一般的プロファイリング、②プロファイリングに基づく決定、③プロファイリングのような自動的処理のみに基づく決定（第22条）という3つのものがある。②と③については、②は人が決定を行うのに対し、③は機械が自動的に決定を行うという点が異なる。オンライン上のローン申請の場面を例にとれば、自動的手段のみにより生成されたプロフィールに基づきローンに同意するか否かを人が決定する場合は②に該当し、ローンに同意するか否かをアルゴリズムが決定し、その決定が意味ある人の介入なくして、個人に自動的に届けられる場合は③に該当する。

本人が異議申立権を行使した場合、管理者は説得力ある適法な根拠を証明できなければプロファイリング手順を中断（または開始を回避）しなければならない。説得力ある適法な根拠には、例えば、管理者の事業上の利益のみならず、学術研究を行う利益や、感染病の拡散を予測するためのプロファイリングなど、プロファイリングが社会全体に対し（または広いコミュニティに対して）、有益な場合がある。

第21条が求めるバランス・テストは、管理者が適法な利益が正しいことを単に証明するだけではなく、それが説得的であることを要求しており、より高い基準の根拠を示すことが必要である。

第22条は、①プロファイリング等の自動処理のみによって自分について何らかの法的効果をもたらしたり、それに類する重大な影響を自分にもたら

したりする事項を決定することの原則禁止、②禁止の例外規定、③例外が認められる場合の本人の権利、自由および法的利益の保護措置、を定めている。解釈において特に問題となるのは「自動的処理のみに基づく」、「法的効果」、「類似の重大な影響」の3点である。これらの規定を解釈するにあたっては、本人が自分の個人データへのコントロールを有するという考えが重視される。

「自動的処理のみに基づく」とは、決定プロセスに人の介入がないことをいう。「人の介入」は、実質的に意味あるものでなければならず、決定を変更する権限と能力のある者が実施し、全ての利用可能な入出力データを考慮に入れなければならない。自動的決定は、例えば企業が採用時に多数の応募を受け、候補者名簿を作成するために自動処理決定を必要とする場合など、契約前の処理にも用いられうる。

GDPRは、「法的効果」や「類似の重大な影響」を定義していないが、「法的効果」とは、誰かの法的権利や地位に影響を与えるものをいう。例えば、契約のキャンセル、児童手当または住宅手当など、特定の社会福祉の資格の付与または拒否、入国や市民権の拒否などがある。

「類似の重大な影響」とは、法的効果を生じなくとも、影響の点で同等または類する重大な影響をもたらす場合をいう。典型例としては、オンラインクレジット申請の自動拒否や人の介入がないオンライン採用の実務がある（前文（71）項）。処理の効果は、注目に値するに十分な重大性または重要性をもたなければならず、決定には、当該個人の状況、行動または選択への重大な影響、本人への長期的または永続的な影響、最も極端な場合には、個人の排除または差別をもたらす可能性がなければならない。融資、保健サービス、雇用、教育などに影響を与える決定がこの類型に入りうる。

ただし、基準を満たすために何が十分に重大であるかを正確に判断することは、現実には困難である。例えば、「ブリュッセル地域に住む25歳から35歳までの女性は、ファッションや一定の服飾アイテムに関心を持つ可能性が高い」など、プロファイリングに基づくターゲティング広告を提供する

決定は、多くの場合、個人への重大な影響をもたない。しかし、ウェブサイト、デバイスおよびサービスをまたいで個人を追跡する場合を含め、プロファイリング手順が侵害的である場合、広告配信方法、未成年や成人の弱者を標的とする場合など、特定のケースでは個人に重大な影響をもつ可能性がある。

　本人に対する情報提供義務を定めている第13条と第14条では、プロファイリングに際して特に提供すべき情報が規定されている。プロファイリングのような自動決定が存在すること、関連する論理に関する意味ある情報、処理の本人にとっての重要性、本人に生ずると想定される結果の提供が求められている（第13条2項（f）号、第14条2項（g）号）。

　この「関連する論理に関する意味ある情報」は、アルゴリズムの全ての開示や複雑な説明を要求しているわけではない。ただし、提供される情報は、本人にとって意味あるものでなければならない。例えば、信用評価を用いて個人のローン申請を拒否する場合、管理者は、決定の際に考慮した主な特徴、当該情報の情報源および関連情報の詳細を提供する。これには、申請書式に本人が記入した（提供した）情報、延滞を含む過去の口座の動き、詐欺情報や倒産記録などが含まれる。

　例外として、プロファイリングのような自動処理のみに基づく決定が認められる場合に必要となる保護措置においては、人の介入が重要な要素となる。適切な権限および能力を持つ審査者が、本人が提供したあらゆる追加情報を含め、全ての関連データの徹底的評価を実施すべきである。管理者には、処理するデータセットに基づく評価を頻繁に実施し、相関関係に対する過度な依拠を含め、あらゆる偏見要素に対処するための方法の開発が求められる。また、プロファイリングを含む自動的決定の正確性と関連性に関するアルゴリズムの監査と定期的審査も有効であるとされている。

2.3 | 管理者の義務

2.3.1 ▸ 管理者・処理者の一般的義務

ポイント

- 管理者は、GDPRを遵守する責任とともに、遵守していることについての証明責任を負う。
- 管理者は、様々なリスクを考慮に入れ、処理手段の決定と実際の処理を行う双方の時点において、適切な技術的・組織的措置を実施しなければならない。こうした措置は処理の中に統合的に組み込む必要がある（「データ保護・バイ・デザイン」および「バイ・デフォルト」）。
- GDPRはリスクベースのアプローチを採用しており、個人データの個別の処理から生じうるリスクをもとに必要な対応を検討することが求められる。
- 二者以上の管理者が共同で処理目的および手段を決定する場合には、すべての管理者は共同管理者として、お互いの責任を取り決めなければならない。
- 「処理者」とは、管理者のために個人データを処理する者全般をいう。管理者との間で契約を締結する義務、他の処理者を用いることの禁止義務等を負う。
- 管理者も処理者も、自らが実施する処理についての記録を保持しなければならず、監督機関から請求があれば、記録を提出しなければならない。管理者および処理者は、監督機関への協力義務を負う。

　GDPRの第4章は、管理者と処理者の義務について定めている。このなかでも第24条から第39条は、管理者が行うべき基本事項として、表2-7のよ

表2-7

管理者の義務に関する規定

条文	規定	概要
第24条−第31条	一般的義務	GDPRの遵守義務と証明責任、「データ保護バイ・デザイン」および「データ保護バイ・デフォルト」、処理者、処理行為の記録
第32条	処理の安全性	安全管理措置
第33条−第34条	データ侵害通知	・漏えい等のデータ侵害が生じた場合の監督機関への通知義務 ・本人（データ主体）に高いリスクをもたらす場合の本人への連絡
第35条	データ保護影響評価（DPIA）	高いリスクや影響が懸念される個人データ処理に関する、事前のデータ保護影響評価
第37条−第39条	データ保護責任者（DPO）	組織内のデータ保護に責任を持つ、独立した立場の担当者の設置

出典：GDPRの条文をもとに筆者作成

うな規定を定めている。

　そのうち、第24条から第31条は、管理者の一般的な義務として、次のような事項を定めている。

（1）管理者の責任（第24条）

　管理者は、処理の性質、範囲、状況、目的、および自然人の権利および自由に対するリスクの様々な可能性かつ重大性を考慮し、GDPRに従った処理を保障し証明できるよう適切な技術的・組織的措置を講じなければならない。GDPRを遵守する責任を負い、遵守していることを証明する責任を負うのは管理者である。

（2）「データ保護・バイ・デザイン」、「データ保護・バイ・デフォルト」（第25条）

　第25条は、カナダ・オンタリオ州の前プライバシー・コミッショナー、アン・カブキアン氏によって提唱されたプライバシー・バイ・デザイン

（PbD: Privacy by Design）の考え方を、GDPRに導入したものである。PbDの特徴は、「事前対策により体系的にプライバシーを組み込むこと」にある。PbDはプライバシー促進技術（Privacy-Enhancing Technologies）をもとに発展し、後にプライバシー影響評価（PIA: Privacy Impact Assessment）の実現につながった。後述するデータ保護影響評価（DPIA）は、PIAのGDPR版である。

　管理者は、①諸事情を考慮し、②処理の決定時・実際の処理時に、③適切な技術的・組織的措置を実施し、その措置を処理に統合しなければならない（1項）。

　①の諸事情の考慮とは、技術水準、実施費用、処理の性質、範囲、状況、目的、処理によって引き起こされる自然人の権利および自由に対するリスクの様々な可能性かつ重大性を考慮に入れることである。②処理の決定時・実際の処理時とは、処理手段を決定する時点だけでなく、実際に処理が行われる時点においても措置が実施されることをいう。そして、③措置を処理に統合するとは、管理者の講じる措置が、効果的な方法で処理の中に盛り込まれることをいう。これらの措置には、例えば、仮名化やデータ最小化なども含まれる。

　また、管理者は、実際の処理を開始する際の初期設定として（by default）、個別の処理目的に必要な個人データのみを処理するよう保障するための、適切な技術的・組織的措置を実施しなければならない（第25条2項）。

　データ保護・バイ・デザイン、バイ・デフォルトは、GDPRが採用しているリスクベースのアプローチを具体化するものである。リスクベースのアプローチとは、管理者に義務付けられる措置の内容について、具体的な個人データの処理がどのようなリスクを伴うかを考慮して決定されるという考え方である（前文(14)項）。リスクは、客観的に評価されなければならない（前文(76)項）。

　個人データ処理によってもたらされる具体的なリスクとしては、次のようなものがある（前文(75)項）。

- 差別やなりすまし、詐欺、経済的損失、名誉毀損、職業上の守秘義務により保護される個人データの秘密性の喪失、無権限での仮名化の復元、またはその他重大な経済的・社会的不利益
- 本人が自分の権利や自由を奪われたり、自分の個人データへのコントロール行使を妨げられる可能性
- 特別な種類のデータまたは有罪判決、もしくは犯罪に関わるデータ等を暴露するデータ処理
- プロファイリング、児童等の弱者に関する個人データの処理
- 大量の他の個人データと関係し、大量の「本人」に影響を与える処理

(3) 共同管理者(第26条)

　二者以上の管理者が共同で処理目的および手段を決定する場合、このような管理者はすべて共同管理者となる。共同管理者は本人の権利行使、本人への情報提供義務について、相互に協定を締結する方法により、透明性を保ったかたちで、義務遵守のための責任を負わなければならない。

(4) EU内で設立されていない管理者または処理者の代理人(第27条)

　第1章の1.3.1参照。

(5) 処理者(第28条)

　「処理者」とは、「管理者の代わりに個人データを処理する自然人、法人、公的機関、その他の組織」であり（第4条8項）、日本の個人情報保護法でいう委託先に該当する場合が多い。

　管理者が処理者に個人データを処理させる場合には、GDPRの義務を満たし、本人の権利を確実に保護する方法で、適切な技術的・組織的措置を実施することを十分に保障する処理者だけを用いる義務を負う（第28条1項）。処理者の選任に際しては、特に、専門知識、信頼性およびリソースが考慮される（前文（81）項）。

処理者を関わらせる場合には、契約等により、管理者との関係で処理者を拘束しなければならず、契約等には次のような事項を定めなければならない（第28条3項）。

- 処理の対象事項および期間、性質および目的、個人データの類型、本人の種類、管理者の義務および権利
- 越境データ移転を含め、管理者の文書による指示にのみ基づいた個人データの処理
- 守秘義務
- 処理の安全性に基づく措置
- 再委託条件の遵守
- GDPR遵守のための管理者への支援
- サービスの提供終了後にすべての個人データを抹消し、または管理者へ返還し、現存の写しを消去すること
- 第28条の遵守を証明するための管理者への情報提供、監査人の点検・監査への貢献

　処理者は、文書による事前許可を管理者から得ることなく、他の処理者を従事させてはならない（第28条2項）。これは再委託制限に相当する。処理者は再委託を行う場合には、上記契約等に定める事項と同じものを、再受託者に課さなければならない。

　特に、GDPRの義務を果たすような方法で、適切な技術的・組織的措置の実施を十分に保障するよう定めなければならない。その処理者がデータ保護義務を果たさなかった場合、最初の処理者は、管理者に対して完全な法的責任を負う（第28条4項）。

(6) 管理者または処理者の許可に基づく処理（第29条）

　個人データにアクセスする者は、管理者から指示がある場合を除き、個人

データを処理してはならない。

(7) 処理の記録(第30条)

　処理を記録することは、GDPR全般にわたる重要な義務である。管理者または代理人は、自らが責任を負う処理に関する記録を保持しなければならない。記録には、管理者、共同管理者、管理者の代理人、DPOの氏名および連絡先、処理目的、本人の種類および個人データの種類、受領者の種類、越境データ移転、データの削除予定期限、処理の安全性に関する技術的・組織的安全保護措置が含まれる(第30条1項)。

　処理者ないし代理人は、管理者に代わって行う全種類の処理行為に関する記録を保持しなければならない。それには、処理者、処理者に代理される管理者、管理者または処理者の代理人、DPOについてその氏名および連絡先、処理の種類、越境データ移転、処理の安全性に関する技術的・組織的安全保護措置が含まれる(第30条2項)。

　管理者または処理者、代理人は、請求があれば監督機関が記録を入手できるようにしなければならない(第30条4項)。

(8) 監督機関との協力(第31条)

　管理者、処理者、およびその代理人は、監督機関の職務遂行に協力しなければならない。

2.3.2 ▸ 処理の安全性

> **ポイント**
> ● 管理者および処理者は、リスクに適した安全保護水準を確保するた
>   め、適切な技術的・組織的措置を実施しなければならない。

　GDPRは管理者と処理者に、個人データの「処理の安全性」を確保する
よう義務付けている（第32条）。これは、いわゆる安全保護措置（日本の個人情
報保護法でいう「安全管理措置」）に関する規定である。

　管理者と処理者は、データ保護・バイ・デザインと同様の事情を考慮に入
れ、リスクに適した安全保護水準を確保するため、適切な技術的・組織的措
置を実施しなければならない（第32条1項）。その措置には、特に次のものが
含まれる。

- 個人データの仮名化および暗号化
- 処理システムおよびサービスの継続的な機密性、完全性、可用性およ
  び復旧を確実にする能力の保持
- 事故発生時に、適時に可用性および個人データへのアクセスを復旧さ
  せる能力の保持
- 技術的・組織的安全保護措置の効果を定期的に点検、判断および評価
  する手順の実施

　リスクに適した保護レベルの判断に際しては、個人データの偶発的または
違法な破壊、紛失、変更、無権限開示あるいはアクセスから生じるリスク
を、特に考慮に入れなければならない（第32条22項）。

第2章　GDPRの規制内容　　105

2.3.3 ▸ データ侵害通知

> **ポイント**
> - データ侵害通知は、ハッキングや情報漏えいなど、個人データの安全性への侵害が発生した場合に、管理者にその通知義務を課す制度である。この制度は、監督機関への通知（第33条）と本人（データ主体）への通知（第34条）に分けられる。データ侵害通知を行うのは管理者の義務であり、処理者は管理者への通知義務を負う。
> - 個人データ侵害が発生した場合、管理者は原則として侵害を認識してから72時間以内に、個人データ侵害を所管の監督機関に通知しなければならない。「認識した」とは、管理者が個人データ侵害を合理的水準で確証した時点をいう。
> - 個人データ侵害が自然人の権利および自由に高いリスクをもたらす可能性が高い場合、管理者は、過度に遅滞することなく、本人に個人データ侵害を連絡しなければならない。
> - 講じるべき措置は、責任者への報告、侵害結果として個人に与えるリスクの評価、監督機関への通知、影響を受ける個人への侵害可能性の連絡、侵害回復のための措置、侵害の文書化などである。

　データ侵害通知は、GDPRにおいて新たに設けられた制度である。管理者は、個人データ侵害が発生した場合には、監督機関や本人に対して通知を行うよう義務付けられる（第33条～第34条）。「データ侵害」とは、偶発的または違法な、破壊、喪失、改変、無権限の開示、または無権限のアクセスをもたらすような、個人データの安全性に対する侵害のことをいう（第4条12項）。

(1) 監督機関への個人データ侵害の通知(第33条)

　個人データ侵害が発生した場合、管理者は過度に遅滞することなく、実現可能であれば侵害を認識してから72時間以内に、個人データ侵害を所管の監督機関に通知しなければならない。ただし、個人データ侵害が自然人の権利および自由にリスクをもたらす可能性が低い場合は、通知は義務づけられない。また監督機関への通知が72時間以内になされない場合には、通知に遅延理由を付さなければならない(第33条1項)。

　この通知では、少なくとも次の内容を含まなければならない(第33条3項)。

- 個人データ侵害の性質の説明(本人の種類と概数、個人データ記録の種類と概数などについて可能な限り)
- DPO(後述の「2.3.5 データ保護責任者」を参照)の氏名および連絡先等
- 個人データ侵害によって発生しうる結果の説明
- 個人データ侵害に対処するために管理者が講じる措置の説明

　処理者は、自分が処理する個人データについてその侵害を認識した場合には、過度に遅滞することなく管理者に通知しなければならない(第33条2項)。一度に情報を提供することができない場合には、段階的に情報を提供してもよい(第33条4項)。

　管理者は、個人データの侵害の関連する全事実を記録しなければならず、監督機関が通知義務の遵守を確認できるようにしなければならない(第33条5項)。

(2) 本人への個人データ侵害の連絡(第34条)

　個人データ侵害が自然人の権利および自由に高いリスクをもたらす可能性が高い場合、管理者は過度に遅滞することなく、本人に個人データ侵害を連絡しなければならない(第34条1項)。この連絡は、個人データ侵害の性質を明確かつ平易なことばで説明し、少なくとも、DPOの氏名および連絡先等、

発生しうる結果の説明、個人データ侵害に対処するために管理者が講じる措置の説明を含めなければならない（第34条2項）。

ただし次のような場合には、本人への通知は義務づけられない（第34条3項）。

- 暗号化など無権限者が個人データを判読できないようにする措置が講じられている
- 「本人の権利および自由への高いリスク」が実現されないような事後的措置が講じられている
- 個別の連絡が過度な負担になるため、代わりに一般への通知等が行われている

（3）ガイドライン

EUは、データ侵害通知に関するガイドライン[29]を公表しているが、それには次のような考え方が示されている。データ侵害の定義（第4条12項）に関係する個人データの「破壊」「破損」「喪失」「不正または違法な処理」は次のような内容を意味する。

- 破壊：データが存在しなくなる場合、または管理者にとって使用可能な形式で存在しなくなること
- 破損：個人データが変更、もしくは損傷されること、または完全な状態でなくなること
- 喪失：データが依然として存在する可能性があるが、管理者が当該データを制御できなくなった場合、もしくは当該データにアクセスできなくなること、または当該データが管理者の所有下に存在しなくな

---

[29] 第29条作業部会「データ侵害通知に関するガイドライン」（2017年10月3日、最終改正2018年2月6日）。

ること

- 不正または違法な処理：データの受領権限を持たない受領者への個人データの開示（またはかかる取得者による当該データへのアクセス）、またはGDPR に違反するその他の形式の取扱い等

個人データの喪失には、管理者が顧客のデータベースの写しを入れた端末を紛失したりあるいは盗難されたりした場合や、個人データセットがランサムウェアによって暗号化されたり、また管理者が暗号化したキーを失ったりしてアクセスできなくなった場合も含まれる。

データ侵害通知は、管理者が個人データ侵害を「認識した」ときから、過度に遅滞なく行われなければならない。管理者は、セキュリティ事故による個人データ侵害について、合理的水準の確証を得た時点で、「認識した」ものと認められる。例えば、個人データが暗号化されていないUSBを紛失した場合、管理者は、USB紛失に気付いた時に「認識した」とされる。

また、第三者が顧客の個人データを偶然受領したことを管理者に伝えた場合、あるいは管理者がネットワークへの侵入可能性を検知し、そのシステムに保存される個人データ侵害を確認した場合、さらにはサイバー犯罪者が身代金を求めるために、システムをハッキングした後、管理者に連絡し、管理者が攻撃を確認した場合などは、「認識した」とされる。

セキュリティに関する事象が生じた場合に管理者および処理者が講じるべき実務的措置は、次のとおりである。

- すべてのセキュリティ関連事象についての情報が責任者に伝えられなくてはならない
- 侵害結果として個人に与えるリスクは、組織の関連部門に通知され、評価の対象とする（リスクなし、リスクあり、または高リスクありの可能性）
- 監督機関への通知、影響を受ける個人への侵害可能性の連絡を行う
- 管理者は侵害を抑止し、回復するための措置を講じる

- 展開に応じて、侵害の文書化を行う

　処理者には、侵害が生じたか否かを確認して、管理者に通知することだけが義務付けられている。原則として、処理者がひとたび侵害を通知すれば、管理者は「認識」したとみなされる。管理者が処理者に対して通知を行うための適切な権限を与えていて、この権限が契約上の取り決めとなっている場合には、処理者は管理者を代理して通知を行うことができる。しかし、通知の法的責任は、あくまでも管理者にある。

　ただし、個人データが既に公開されているような場合は、個人の権利および自由へのリスクは生じないため、監督機関への通知は義務付けられない。

　提供すべき情報のうち、「本人の種類」には、例えば児童その他の弱者、障害者、従業員、顧客などの情報などが含まれる。「個人データ記録の種類」としては、健康データ、教育記録、公的介護情報、財務情報、銀行口座番号、パスポート番号など管理者が処理する様々な種類の記録がある。

　管理者は、同種の個人データが比較的短期間で同じ方法によって侵害された場合には、一括して通知を提出することができる。

　本人への連絡は、権利および自由に高リスクをもたらす可能性が高い場合のみに義務づけられる。例えば、最先端技術のアルゴリズムで暗号化され、鍵の機密性が損なわれておらず、無権限者が利用できる技術的手段では突き止められない場合はリスクは低いといえる。ただし、リスクは時間とともに変化するため、再評価されなければならない。

　本人への連絡には、監督機関のように72時間という明確な期限は定められていないが、「過度に遅滞することなく」行うよう求められている。これはできるだけ早く通知を行わなければならないという意味である。

　過度な負担を伴わない限りは、影響を受ける本人に対し直接に侵害を連絡すべきであり、本人への連絡には専用のメッセージを送るべきである。定期的な更新、ニュースレター、標準的なメッセージなど、他の情報と一緒に送るべきではない。

図2-4

個人データ侵害通知の条件を示すフローチャート

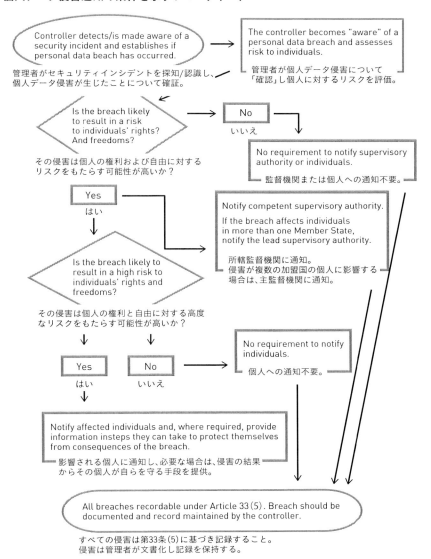

出典：個人情報保護委員会「個人データ侵害通知に関するガイドライン」仮日本語訳（https://www.ppc.go.jp/files/pdf/tsuuchi_guideline.pdf）62頁

なお、DPIA（後述「2.3.4データ保護影響評価」を参照）においては、仮定的な危険性について評価がなされる。これに対して、データ侵害通知で求められるリスク評価では、実際に発生した侵害を前提として、その結果として個人に対して生じる可能性のある具体的なリスクを評価する。DPIAにおけるリスク評価とは、性格が異なることにも注意が必要である。

個人へのリスク評価を行う際には、次の要素を考慮に入れなければならない。

- 侵害の種類
- 個人データの性質、機微性および量
- 個人識別容易性
- 個人へもたらす結果の重大性
- 個人の特性
- 管理者の特性
- 影響を受けた個人の数
- 潜在的危険の重大性と発生確率の関係などリスク判断における一般的な事項

2.3.4 ▶ データ保護影響評価

ポイント

- データ保護影響評価（DPIA）は、特にリスクが高い個人データ処理が行われるような場合、処理行為に先立って実施されるリスク評価制度である。
- DPIAは①コンピュータ処理を用いて個人的なことがらを体系的かつ広範囲に評価し、法的効果または類似の重大な影響を個人に与える場合、②センシティブデータや犯罪に関するデータを大規模に処理する場合、③パブリック・スペースで体系的な大規模監視を行う場合、に

特に義務づけられる。

- DPIAに基づき高いリスクを伴う評価が出た際に、リスク軽減措置を講じることができない場合には、監督機関への事前協議を行わなければならない。

　データ保護影響評価（DPIA：Data Protection Impact Assessment）は、個人データ処理の開始に先立ち実施されるリスク評価制度である。この制度は、米国、カナダ、オーストラリアなどで行われてきたプライバシー影響評価（Privacy Impact Assessment、PIA）に相当し、日本のマイナンバー制度においても類似の制度が導入されている。

（1）GDPRの規定

　GDPR第35条は、これから行おうとする個人データ処理が、特に新たな技術を用いており、処理の性質・範囲・状況・目的を考慮すると自然人の権利および自由に高いリスクをもたらす可能性が高い場合には、管理者に対し、処理の開始に先立ち、予定されている取扱業務に関する個人データ保護上の影響評価（DPIA）の実施を義務づけている（第35条1項）。

　DPIAが求められるのは、具体的には次のような場合である（第35条3項）。

- プロファイリングのような、自動処理に基づく、自然人に関する個人的なことがらの体系的かつ広範囲の評価であって、その決定が、法的効果やそれに類する重大な影響をもたらす場合
- センシティブデータ（第9条）や犯罪に関する個人データ（第10条）を大規模に処理する場合
- パブリック・スペースで体系的な大規模監視を行う場合

　管理者はDPIAを実施する際、DPO（後述「2.3.5 データ保護責任者」を参照）を指名している場合には、その助言を求めなければならない（第35条2項）（図2-5）。

図2-5
DPIAに関するフローチャート

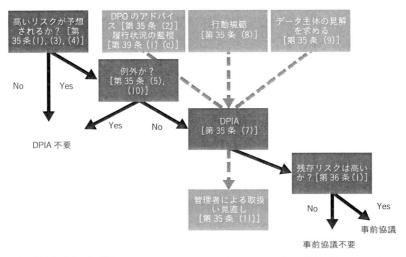

出典：個人情報保護委員会「『高いリスクをもたらすことが予想される』か否かの判断に関するガイドライン」仮日本語訳 (https://www.ppc.go.jp/files/pdf/dpia-guideline.pdf) 9頁

　DPIAにおいては少なくとも、①予定されている処理業務および処理目的の体系的概要、②目的との関連での処理業務の必要性および均衡性、③本人の権利および自由へのリスク、④リスクに対処するために予定される措置、が評価されなければならない（第35条7項）。また管理者は、可能であれば、予定される処理について本人またはその代理人に意見を求めなければならない（第35条9項）。さらに、処理業務のリスクに変化が生じた場合には評価の見直しを実施しなければならない（第35条11項）。

　GDPRには、DPIAに加えて、「事前の協議」という仕組みがある（第36条）。これは、ある個人データの処理についてDPIAを行った結果として高いリスクを伴うと評価された場合、リスク軽減措置を講じることができないときに、管理者に対して監督機関への事前協議を義務づける規定である。

（2）ガイドライン

EUは、DPIAに関するガイドライン[30]を公表しており、そこでは次のような考え方を示している。

GDPRにおいては、管理者は、個人データ処理について図2-5のような手順に基づきその影響を評価して、必要な対応を行うことが求められている。

表2-8
DPIAの要否に関する基準

処理の例	該当する可能性のある基準	DPIAの必要性
病院による患者の遺伝子および健康データの処理（病院の情報システム）	・センシティブデータ、または極めて個人的な性質を示すデータ ・立場の弱い本人に関するデータ ・大量に取り扱われるデータ	高い
高速道路の運転行動を監視するためのカメラシステムの利用（自動車とそのナンバープレートを自動認識するためのインテリジェントビデオ分析システムを利用予定）	・体系的監視 ・新技術、または組織的ソリューションの革新的利用、または適用	
企業による従業員の行動の体系的監視（従業員の仕事場、インターネット利用等の監視を含む）	・体系的監視 ・立場の弱い本人に関するデータ	
プロフィールを生成する公表されたソーシャルメディアデータの収集	・評価、または評点 ・大規模なデータ処理 ・データセットの照合、または結合 ・センシティブデータ、または極めて個人的な性質を示すデータ	
国レベルでの信用格付け、または詐欺探知データベースの作成	・評価、または評点 ・法的効果、または類似の重大な影響を与える自動的決定 ・本人の権利行使の阻止、またはサービスや契約利用の阻止 ・センシティブデータ、または極めて個人的な性質を示すデータ	

---

[30] 第29条作業部会「データ保護影響評価、および処理が「高いリスクをもたらすことが予想される」か否かの判断に関するガイドライン」（2017年4月4日、最終改正2017年10月4日）。

研究プロジェクトまたは臨床試験に関して、個人のセンシティブデータの仮名化を達成するための保存	・センシティブデータ ・立場の弱い本人に関するデータ ・本人の権利行使の阻止、またはサービスや契約利用の阻止	高い
「個々の医師、他の医療専門職または弁護士が患者、または顧客から得る個人データ」の処理（前文（91）項）	・センシティブデータ、または極めて個人的な性質を示すデータ ・立場の弱い本人に関するデータ	高くない
オンライン雑誌による、メーリングリストを用いた一般的な日々のダイジェストの加入者への送信	大規模に処理されるデータ	
電子商取引サイトによる、自身のサイト上で閲覧または購入された品目に基づく、限定的なプロファイリングを伴うヴィンテージ車のパーツの広告の表示	評価、または評点	

出典：第29条作業部会ガイドライン11-12頁、個人情報保護委員会「「高いリスクをもたらすことが予想される」か否かの判断に関するガイドライン」仮日本語訳（https://www.ppc.go.jp/files/pdf/dpia-guideline.pdf）20-23頁を参考に改訳

　DPIAが義務づけられるかどうかを検討する際には、次に掲げる9つのいずれかが含まれるかどうかが考慮される。

1. 評価、または評点
2. 法的効果、または類似の重大な影響を自然人に与える自動処理決定
3. 体系的な監視
4. 機微データ、または極めて個人的な性質を示すデータ
5. 大規模なデータの処理
6. データセットの照合、または結合
7. 立場の弱い本人に関するデータ（前文（75）項）
8. 新技術、または組織的ソリューションの革新的利用または適用
9. 処理そのものが本人の権利行使、サービスや契約の利用を妨げる場合（第22条および前文（91）項）

　図2-6は、DPIAを実施する一般的な反復手順を示したものである。

図2-6
DPIAの反復手順

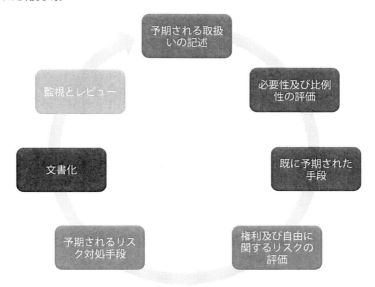

出典：個人情報保護委員会「「高いリスクをもたらすことが予想される」か否かの判断に関するガイドライン」仮日本語訳（https://www.ppc.go.jp/files/pdf/dpia-guideline.pdf）34頁

　DPIAは「処理前」に実施しなければならず、また、その実施は一度きりではなく、継続的なプロセスである。管理者はDPIAを実施する最終的な責任を負うが、所定の場合には、DPOの助言も求めなければならない。また、内部方針、手続およびルールなどに応じて、他の具体的な役割と責任も特定し、文書化することも求められる。

　DPIAの公開は義務づけられていないが、要旨の公開は信頼を高めることができるため、推奨されている。事前協議を行う場合や監督機関から求められた時には、監視機関に対してDPIA全体の内容を通知しなければならない。

　DPIAによって示された残存リスクが高く、第36条の「事前協議」を行う必要があるのは、例えば次のような場合である。

- 本人が重大な、または不可逆的な結果を被り、それを克服できない可能性がある場合（本人の生命への脅威、一時解雇、財政的危機につながるデータへの違法なアクセスなど）
- リスクの発生が明白と思われる場合（データの共有・利用・提供形態の事情からデータにアクセスする人数を減少させない場合や、周知の脆弱性に手当てがなされていない場合など）

　社会的保護および公衆衛生に関する処理などの、公共の利益のための個人データ処理については、個別の加盟国法が事前協議を義務づけることができる（第36条5項）。

　ガイドラインの結論部分では、高いリスクが予想される処理を管理者が計画する場合には、次のような対応が求められると定めている。

　既存のDPIAに関する枠組み[31]を用いるか、次のような体系的なDPIA手順を定め、実施する。

- 許容されるDPIAの基準（ガイドライン「別添2」）に準拠する
- 内部手順、状況および文化に沿って、現行の設計、開発、変更、リスクおよび運用上の審査手順に統合する
- 適切な関係者に関与させ、彼らの責任を明記する（管理者、DPO、本人または彼らの責任、業務、技術的サービス、取扱者、情報セキュリティ責任者等）
- 求められた場合には、所管の監督機関にDPIAの報告書を提供する
- 高リスクを低減するために十分な措置を決定できなかった場合に、

---

31)　DPIAに関する前記ガイドラインの「別添1」に、ドイツ、スペイン、フランス、英国などによるDPIAの枠組みと、分野別でのDPIA取組例が示されている。

監督機関に協議する

- 少なくとも、取扱業務が提示するリスクに変化があるときは、DPIAとそれが評価する処理を定期的に見直す
- 決定事項を文書化する

別添2　許容されるDPIAの基準[32]

　第29条作業部会は、データ管理者がDPIAの実施の要否を判断し、または DPIA の実施方法を評価する際に用いる、GDPR 遵守のための十分に網羅的な基準として、以下のものを提言する。

□処理に関する体系的な記述がなされていること（第35条7項 (a) 号）

　　□処理の性質、範囲および目的が考慮されていること（前文 (90) 項）

　　□個人データ、受領者および個人データの保存期間が記録されていること

　　□処理業務に関する機能上の説明がなされていること

　　□個人データが依拠する資産（ハードウェア、ソフトウェア、ネットワーク、人材、書類または書類移送経路）が特定されていること

　　□承認された行動規範が考慮されていること（第35条8項）

□必要性および均衡性が評価されていること（第35条7項 (b) 号）

□規則遵守のために予定される措置が、次に掲げる事項を考慮に入れて決定されていること（第35条7項 (d) 号および前文 (90) 項）

　　□次に掲げる事項に基づき、処理の均衡性および必要性に寄与する措置

　　　□特定され、明白かつ適法な目的（第5条1項 (b) 号）

　　　□処理の適法性（第6条）

---

32)　個人情報保護委員会「「高いリスクをもたらすことが予想される」か否かの判断に関するガイドライン」仮日本語訳（https://www.ppc.go.jp/files/pdf/dpia-guidline.pdf）46－49頁を参考に作成。

□適切で、関連性があり、必要なデータに限定されていること（第5条1項 (c) 号）

□保存期間が限定されていること（第5条1項 (e) 号）

□本人の権利に寄与する措置

□本人に提供される情報（第12条、第13条および第14条）

□アクセス権およびデータ・ポータビリティ権（第15条および第20条）

□訂正権および削除権（第16条、第17条および第19条）

□異議申立権および取扱制限の権利（第18条、第19条および第21条）

□処理者との関係（第28条）

□国際移転を取り巻く保護措置（第5章）

□事前協議（第36条）

□本人の権利および自由に関するリスクが管理されていること（第35条7項 (e) 号）

□リスクの発生源、性質、特殊性および重大性が評価されていること（前文 (84) 項と比較）、または、より具体的には、各リスク（違法アクセス、データの意図しない改変および消失）が本人の観点から評価されていること

□リスクの発生源が考慮されていること（前文 (90) 項）

□違法アクセス、データの意図しない改変および消失を含む事象が生じた場合における、本人の権利および自由に対する潜在的影響が特定されていること

□違法アクセス、データの意図しない改変および消失につながりうる脅威が特定されていること

□可能性と重大性が推定されていること（前文 (90) 項）

□これらのリスクに対処するために想定される措置が決定していること（第35条7項 (d) 号および前文 (90) 項）

□関係者が関与していること

□DPOの助言を求めていること（第35条2項）

□適切な場合に、本人または他の代理人の見解を求めていること
（第35条9項）

2.3.5 ▶ データ保護責任者

ポイント

- 公的機関や一定のセンシティブな情報を扱う管理者や処理者は、データ保護責任者（DPO）を指名しなければならない。DPOは、データ保護法および実務に関する専門知識を有する者として、GDPRの遵守を内部で監視し、管理者または処理者を支援する役割を担う。
- DPOは、①公的機関または団体によって処理が行われる場合、②管理者または処理者の中心的活動が、本人の定期的かつ体系的な大規模監視を必要とする処理業務で構成される場合、③管理者または処理者の中心的活動が、センシティブデータおよび犯罪に関する個人データの大規模な処理で構成される場合に、選任を義務づけられる。
- DPOは組織のガバナンスを促進する者であり、データ保護の責任を負うのは、あくまで管理者または処理者である。

　公的機関や一定のセンシティブな情報を扱う管理者や処理者は、データ保護責任者（DPO）を指名しなければならない（第37条〜第39条）。

　DPOとは、データ保護法および実務に関する専門知識を有する者として、GDPRの遵守を内部で監視し、管理者または処理者を支援する役割を担う。

（1）GDPRの条文

　DPOの制度は、データ保護法および実務に関する専門知識を有する者が、GDPRの遵守について内部で監視し、管理者や処理者によるGDPRの遵守を支援する仕組みである（第37条1項）。DPOを指名しなければならないのは、次の3つの場合である。

① 　処理が公的機関または団体によって行われる場合（裁判所が司法上の権限を行使する場合を除く）
② 　管理者または処理者の中心的活動が、その性質・適用範囲・目的から、本人の定期的かつ体系的な大規模監視を必要とする処理業務で構成される場合
③ 　管理者または処理者の中心的活動が、第9条に基づくデータおよび第10条に定める犯罪に関する個人データの大規模な処理で構成される場合

　上記以外の場合にも、管理者や処理者、またそれを代表する団体その他の組織はDPOを指名することができ、他のEU法や個別の加盟国法によって指名が義務づけられることもある（第37条4項）。また、企業グループにおいて、DPOがグループ内の各企業に容易にアクセスできる場合には、これら複数の企業を一人で担当するDPOを指名することができる（第37条2項）。同様に、管理者または処理者が公的機関等の場合には、その組織の構造や規模を考慮した上で、複数の機関等を一人で担当するDPOを指名することができる（同条3項）。
　DPOは、専門家としての資質、特にデータ保護法および実務に関する専門知識、業務遂行能力に基づき指名される（第37条5項）。DPOは、管理者または処理者の職員、サービス契約に基づき職務を遂行する者でも構わない（第37条6項）。管理者または処理者は、DPOの連絡先の詳細を公開し、監督機関にそれを通知しなければならない（同条7項）。

管理者および処理者は、DPOが個人データ保護に関するすべての問題に、適切かつ適時に関与できるよう、必要なリソースを与えなければならない（第38条1項〜2項）。DPOには職務遂行の独立性が認められ、その職務遂行を理由に解雇または制裁を受けることがあってはならない。DPOは、管理者または処理者の最高経営レベルに直接報告しなければならない（第37条3項）。さらに本人は、自己の個人データの処理および権利行使に関するあらゆる問題に関して、DPOに連絡を取ることができる（同条4項）。DPOは職業上の守秘義務を負う（同条5項）ほか、DPOには兼業が認められるものの、利益相反を引き起こさないようにしなければならない（同条6項）。

　DPOは、少なくとも次の職務を行わなければならない（第39条1項）。

(a) 管理者または処理者、およびそれらの従業員に対する、義務の通知および助言
(b) 管理者または処理者による遵守監視
(c) DPIAに関する助言の提供およびその遂行の監視
(d) 監督機関との協力
(e) 監督機関との連絡先としての活動

　また、DPOは処理の性質、状況および目的を考慮に入れ、自己の職務遂行において、処理業務に関するリスクを十分に注意しなければならない（第39条2項）。

(2) ガイドライン

　EUは、DPOsに関するガイドラインを公表し、各条文の解説を行っている[33]。

---

33) 第29条作業部会「データ保護責任者（「DPOs」）に関するガイドライン」（2016年12月13日、最終改正2017年4月5日）。

第2章　GDPRの規制内容　　123

GDPR第37条は、前記3つの具体的な場合にDPOの選任を義務づけている。このようなDPOの法的選任義務を負わず、自主的なDPOの選任も行わない組織が、個人データ保護関連の任務を行う職員や外部のコンサルタントを雇用する場合は、肩書き、職階、地位および任務に混乱が生じないように十分な配慮をしなければならない。つまり、その職員やコンサルタントの肩書きが「DPO」でないことを明確にすべきである。

　GDPRは、「公的機関または団体」を定義しておらず、この概念は国内法で決められる。公的機関または団体は、国、地域、地方の機関を含むが、準拠する国内法に基づき、公法によって統轄される一定の範囲の他の団体も含むのが通例である。

　公的任務の遂行や公権力の行使は、公法または私法によって統轄される他の自然人または法人（例えば、各加盟国の国内規制に応じて、公共交通サービス、水道およびエネルギー供給、道路インフラ、公共放送、公営住宅ならびに規制職種の職能団体といったセクター）によって行われる場合もある。このような場合には、本人が、データの処理をめぐって選択権を得られないことが多く、DPOの追加的保護が必要になる。

　「中心的業務」（core activities）とは、管理者や処理者の目標達成に必要な重要な作業のことである。

　「中心的業務」には、データの処理が管理者や処理者の業務と切り離せないような個人データの処理も含まれる。例えば病院は、患者の健康記録などの健康データを取り扱わずに、安全かつ効果的に医療を提供するのは不可能である。そのため、かかるデータの処理は病院の中心的業務の1つとみなすべきで、病院はDPOを選任しなければならない。

　その他、民間警備会社が民間ショッピングセンターや公共の場の監視を行っている場合には、監視がこの会社の中心的業務だが、この業務は個人データの処理と不可分に結びついているために、DPOを選任しなければならない。一方で、従業員の給与支払いや標準的なITサポート業務などの一定の業務を行っている場合、こうした業務は必要あるいは不可欠だが、通常

は中心的業務よりも副次的業務とみなされる。

　「大規模」の有無を判断する際、特に下記の要素を考慮することが奨励されている[34]。

- 関係する本人の数（具体的な数字または関連する人口の割合）
- 取り扱われるデータの量やデータ項目の多様性
- データ取扱業務の期間または永続性
- 取扱業務の地理的範囲

例えば、次のものは大規模処理となる。

- 病院の通常業務内の患者データの処理
- 市の公共交通機関を用いる個人の移動データの処理（例えば、乗車カードを通じた追跡）
- 国際的なファストフードチェーンで、統計目的による顧客のリアルタイム地理位置情報の処理であって、かかるサービスの提供を専門に扱う処理者が手掛ける場合
- 保険会社または銀行の通常業務内の顧客データの処理
- 検索エンジンによる行動ターゲティング広告のための個人データの処理
- 電話またはインターネットのサービス事業者によるデータ（コンテンツ、通信量、位置）の処理

これに対して、次のものは大規模処理には該当しない。

- 個々の医師による患者データの処理

---

34) DPIAの「大規模」も同様に解釈される。

第2章　GDPRの規制内容　125

- 個々の弁護士による、有罪判決または犯罪に関連した個人データの処理

「本人の行動監視」の概念は、行動ターゲティング広告目的を含め、インターネット上のあらゆる形の追跡およびプロファイリングを明確に含む（前文(24)項）。ただし、監視の概念はオンライン環境に限定されず、オンライン追跡は本人の行動監視の一例にすぎない。

ポイントでも記した「定期的(regular)」とは、次に掲げるもののいずれかに該当することである。

- 現在継続しているまたは一定期間内に一定間隔で発生する
- 決まった時期に繰り返し発生し、または繰り返される
- 常時または周期的(periodically)に発生する

「体系的(systematic)」とは、次に掲げるもののいずれかに該当することである。

- システムに従って発生する
- 予め決められた、組織的または方法論に従った
- データ収集の全体計画の一環として行われる
- 戦略の一環として行われる

本人の定期的かつ体系的な監視を構成しうる活動事例には、次のようなものがある。

- 電気通信ネットワークの運営
- 電気通信サービスの提供
- 電子メールのリターゲティング

- データ駆動型のマーケティング活動
- リスク評価目的のプロファイリングとスコアリング（クレジットスコアリング、保険料の確定、不正防止、資金洗浄の探知等）
- 位置追跡（例えばモバイルアプリによる）
- ロイヤルティプログラム
- 行動ターゲティング広告
- ウェアラブルデバイスを通じた健康、身体的健康および健康データの監視
- CCTV（監視カメラ）
- スマートメータ、スマートカー、ホームオートメーションなどのコネクテッドデバイス

　管理者および処理者は、DPOが、データ保護関連のあらゆる問題について、可能な限り最初期の段階から関与できるようにしなければならない（第38条1項）。管理者がDPIAを実行する際には、DPOの助言を求めなければならない（第35条2項）。初期段階からDPOに確実に通知し、見解を求めることは、GDPR遵守を促進し、プライバシー・バイ・デザインのアプローチを確保するために重要であり、組織ガバナンス上の基本的な手続きとすべきである。例えば、下記の項目を確実に行うことが求められる。

- DPOは幹部および中間管理職の会議に定期的に参加する
- データ保護に影響する決定を下す際、DPOの出席が推奨されるDPOが適切な助言を提供できるように、DPOにあらゆる関連情報が適時に提供される
- DPOの意見は常に、十分に考慮される（見解の相違がある場合には、DPOの助言に従わない理由を文書化することが適正な手順として推奨される）
- データ侵害または他の事案が発生した場合、DPOに対して速やかに諮問がなされる

DPOに求められる「独立した態様で活動（第38条3項および前文（97）項）」するとは、特に、DPOが「（自らの）任務遂行に関して何ら指示を受けない」ように保障することを意味する。職務を遂行する際、DPOは、問題をどのように処理するか、例えばどのような結果を達成すべきか、どのように苦情を調査するか、あるいは監督機関に相談するかどうかをめぐって、指示を受けてはならない。さらに、データ保護法に関する問題で、一定の見解（例えば、特定の法解釈）を取るように指示されてはならない。

　管理者および処理者による、DPOへの制裁が禁止（第38条3項）されるのは、DPOがその職責を果たす結果として科せられる場合のみである。例えば、DPOは、ある処理が高いリスクをもたらすと考え、管理者または処理者にDPIAの実施を助言するかもしれないが、彼らがDPOの評価に同意しない場合に、助言の提供を理由にDPOを解雇することはできない。制裁は、昇進の否定または遅れ、キャリア開発の妨害、他の従業員が受ける福利厚生の拒否など、様々な形を取りうるし、直接的にも間接的にもなりうる。制裁は、DPOの任務関連の理由で用いられる限り、単なる警告で十分である。

　DPOの兼業に伴う利益相反は（第38条6項）、事例ごとに考慮しなければならない。一般に、DPOと兼務することが利益相反になりうる立場としては、幹部の地位（最高経営責任者、最高執行責任者、最高財務責任者、最高医務責任者、マーケティング部長、人事部長またはIT部長など）がある。組織構造のなかで、たとえそれがより低い役割であっても、その地位または役割が処理の目的および手段の決定につながる場合には、利益相反になりうる。利益相反は、データ保護問題が関係しうる事件の法廷で、外部のDPOが管理者または処理者の代理を要請された場合にも生じる。

　DPOが行わなければならない職務のなかでも、管理者または処理者によるGDPR遵守への監視は特に重要である。DPOは、この職務のために、次の事項を行うことができる（第39条1項（b）号、前文（97）項）。

- 処理業務を特定するための情報を収集する
- 処理業務の遵守を分析し、チェックする
- 管理者または処理者に通知し、助言し、勧告を行う

　DPIA実施時には、特に、下記についてDPOに助言を求めることが望ましい（第35条2項、第39条1項（c）号）。

- DPIA実施の是非
- DPIA実施の具体的方法
- 内部実施か外部委託か
- 保護措置（技術的・組織的措置を含む）の適用の要否
- DPIA実施の適正性、適用される保護措置がGDPRを遵守しているか

　GDPRが採用しているリスクベースのアプローチは、DPOについても適用される。ただし、相対的にリスク水準が低いデータ処理作業に対する法令遵守監視をなおざりにするという意味ではなく、よりリスクの高い領域に主な焦点を当てることを求めている（第39条2項）。

　ガイドラインは、全体を通じて、DPOを新たなデータガバナンスの中心的担い手として位置づけている。しかし一方で、データ保護の責任を負うのはあくまで管理者または処理者である[35]ことも強調している。

35）GDPRの規定上、遵守責任を負うのは管理者である（第5条2項、第24条1項）。

第 **3** 章

法執行の仕組みと
求められる具体的対応

3.1 執行体制

3.1.1 ▸ 独立の監督機関（第51条〜第59条）

> **ポイント**
> - 監督機関はGDPRの適用を監視し、執行する独立機関であり、各加盟国に設置されている。
> - 監督機関の「独立性」とは、直接または間接の外部的影響から自由でなければならないことを意味し、厳格に解釈される。
> - 監督機関には、広範な職務および権限が与えられている。

表3-1

個人情報保護に関する法執行の仕組み

条文	規定	概要
第51条〜第59条	独立の監督機関	監督機関の設置、独立性、管轄、職務および権限等
第60条〜第76条	協力及び一貫性	複数加盟国に関係する場合に、個人データに関する執行の体制（どの監督機関による執行を受け得るのか）整備

出典：GDPRの条文に基づき筆者作成

　第51条「監督機関」は、各加盟国に対し、1つ以上の独立の監督機関を設置するよう義務づけている（表3-1）（第51条1項）。同条は、監督機関の相互協力、欧州委員会との協力を義務づけるとともに（同条2項）、複数の監督機

関が設置された場合において、それらの監督機関がGDPR適用の監視・執行を行う上での一貫性の仕組みを遵守するための制度整備（同条3項）等を定める。

第52条は、監督機関の「独立性」に関する規定である。1項において、各監督機関がその権限を行使する際に完全に独立して行動すること、また2項において、各監督機関の構成員が職務を遂行し、権限を行使する際に、直接または間接の外部的影響から自由であり続け、他者に指示を求めまたは他者の指示を受けてはならない旨を定めている。

監督機関の「完全な独立性」は、GDPRの旧法である95年個人データ保護指令第28条の中でも規定されていた。GDPRは、指令の解釈をめぐってドイツの監督機関の独立性が争われた欧州司法裁判所大法廷 2010年3月9日判決[1] を踏まえて、監督機関は「直接または間接の外部的影響から自由」でなければならないことを明確化している。

さらに第53条は「監督機関の構成員に関する一般的条件」、第54条「監督機関の設置に関する規律」、第55条「管轄」、第56条「主監督機関の管轄」、第57条「職務」、第58条「権限」、第59条「活動報告」の規定をそれぞれを定めている。

これらのうち、第55条に基づき、各監督機関は国の領域内で自己に割り当てられた職務を遂行し、与えられた権限を行使する。しかし、多国にまたがるデータ処理の場合には、その処理を行う管理者または処理者の主たる拠点もしくは単一拠点の監督機関が主監督機関としての管轄を有する（第56条）。原則として、管理者または処理者の主たる拠点の監督機関は、主監督機関として行動すべきと解釈されているが（前文（124）項）、いかなる場合に主監督機関が管轄権を持つかに関しては、第29条作業部会による解釈指針が公表されている（WP244 rev.01）。

---

1) Case C-518/07, European Commission v. Federal Republic of Germany, 2010 E.C.R. I-1885. この事件ではドイツの監督機関の独立性は否定された。

表3-2

監督機関の職務一覧（第57条1項）

(a) GDPRの適用の監視と執行
(b) 一般の認識向上、児童に関する特別な配慮
(c) 議会や政府等に対する立法上、行政上の措置についての助言
(d) 管理者および処理者の意識向上
(e) 権利行使に関する本人への情報提供、他の加盟国の監督機関との協力
(f) 本人が申し立てた苦情の処理、報告等
(g) 他の監督機関との協力
(h) GDPRの適用に関する調査実施
(i) 情報通信技術や商慣行の進展の監視
(j) 処理者および越境データ移転に関する標準データ保護条項の採択
(k) DPIAについての一覧の策定および保持
(l) 事前協議に基づく助言の提供
(m)行動規範の策定奨励および承認
(n) データ保護認証の仕組み、データ保護シールおよびマークの確立の奨励、認証基準の承認
(o) 認証に関する定期的審査の実施
(p) 行動規範の監視団体および認証機関を認定するための基準の作成および公開
(q) 上記の監視団体および認証機関の認定
(r) 越境移転に関する契約条項の承認
(s) 拘束的企業準則（BCRs）の承認
(t) 欧州データ保護会議（EDPB）の活動への貢献
(u) GDPR違反および是正権限に基づき講じられた措置に関する内部記録の保持
(v) 個人データ保護に関するあらゆる他の職務の遂行

出典：GDPRの条文に基づき筆者作成

　監督機関の職務（第57条）は多岐にわたり、具体的には表3-2のような職務が挙げられている。監督機関の職務遂行は、本人（データ主体）およびDPO（データ保護責任者）に対し、原則として無料で行われる（第58条3項）。

　第58条は「権限」を定めており、管理者および処理者に対する調査（1項）、是正権限（2項）、許可および助言（3項）に分け、監督機関に対して多くの権限を付与している（表3-3）。第58条の監督権限に違反する行為は、行政上

表3-3

監督機関の権限一覧（第58条）

調査権限（1項）
(a) 管理者および処理者並びにその代理人に対する情報提供命令
(b) データ保護監査の方法による調査実施
(c) 認証に基づく審査実施
(d) 管理者または処理者へのGDPR違反の通知
(e) 職務遂行のために必要なすべての情報へのアクセス
(f) 管理者または処理者のあらゆる敷地への立入調査権限

是正権限（2項）
(a) GDPR違反のおそれを警告すること
(b) 処理業務がGDPRに違反した場合に譴責すること
(c) 本人の権利行使要請を遵守するよう命令すること
(d) 特定の手段かつ期間内で、GDPRを遵守する形での処理業務を行うよう命令すること
(e) 管理者に対して個人データ侵害を本人へ通知するよう命じること
(f) 処理禁止を含む、一時的または終局的な制限を課すこと
(g) 個人データの訂正もしくは消去、または処理の制限、ならびに個人データの開示を受けた受領者に、係る行動をとった旨を通知するよう命令すること
(h) 認証を取り消すかもしくは認証機関へ認証を取り消すよう命令すること、または、認証要件に合致しない場合に、認証機関に認証を発行しないように命令すること
(i) 事案の状況に応じて、行政上の制裁金を科すこと
(j) 第三国または国際機関内の受領者へのデータ流通の停止を命じること

許可および助言（3項）
(a) 事前協議手続に基づく管理者への助言
(b) 個人データの保護に関するあらゆる問題について、議会や加盟国政府、一般等に向けて意見を発すること
(c) 加盟国法の義務に基づき処理を許可すること
(d) 行動規範案への意見発出および承認
(e) 認証機関の認定
(f) 認証の発行および認証基準の承認
(g) 処理者および越境データ移転に関する標準データ保護条項の採択
(h) 越境データ移転に関する契約条項の許可
(i) 越境データ移転に関する行政協定の許可
(j) BCRsの承認

出典：GDPRの条文に基づき筆者作成

第3章　法執行の仕組みと求められる具体的対応　135

の制裁金を科す根拠となる。

　第46条は越境移転に関する安全保護措置を定めた規定であり、監督機関の許可を要するものと要さないものがある。

3.1.2 ▶ 協力及び一貫性（第60条〜第76条）

ポイント

- 「協力及び一貫性」は、EU加盟国間で一貫した法の適用および執行を行うための制度について定めている。28カ国の加盟国（2019年4月10日時点で、英国離脱は2019年10月31日を予定）を有するEUならではの仕組みである。
- 法の適用と執行を行う主監督機関を決定して、この主監督機関が関係監督機関と協力しながら監督を行うことで、一貫した法の運用を可能にする仕組みを「ワンストップ・ショップ」という。
- 欧州データ保護会議（EDPB）は、協力手続において、監督機関相互の意見が対立する場合に、拘束力ある決定を下す権限を有する。

　GDPR第7章「協力及び一貫性」は、EU加盟国間で一貫した法の適用および執行を行うための制度であり、第1節「協力」（第60条〜第62条）、第2節「一貫性」（第63条〜第67条）、第3節「欧州データ保護会議」（第68条〜第76条）で構成される。

　加盟国間での一貫した法執行および法適用は、GDPRが掲げる主目的の1つであり、28ヶ国で構成されるEUならではの仕組みである。なお、英国はBrexitによってEUを離脱することとなったが、当初予定よりも遅れ、2019年4月10日のEU首脳会議により、同年10月31日の離脱を予定している。

　第1節「協力」は、複数加盟国が関わる場合の主監督機関と他の関係監督機関の協力および情報交換（第60条）、関連情報の相互提供および相互支援

図3-1
主監督機関と関係監督機関の協力手続（第56条、第60条）

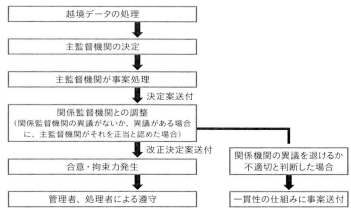

出典：関連規定に基づき筆者作成

（第61条）、複数監督機関における共同調査および共同執行措置を含む共同運用の実施（第62条）を定めている。主監督機関の決定が行われるのは、国を越えて個人データが取り扱われていることから、複数の加盟国の本人に重大な影響を及ぼすか、影響を及ぼす可能性が高い場合である。主監督機関は、本人が自らの個人データの処理への苦情を申し立てる場合などにおいて、それに対処するための主たる責任を負う。

「越境データ処理」は、①管理者もしくは処理者が複数加盟国で個人データを処理する場合、または、②管理者もしくは処理者が単一拠点で個人データを処理するが、複数加盟国の本人に重大な影響を及ぼすか、その可能性が高い場合をいう（第4条23項）。

主監督機関を決定し、関係監督機関と協力しながら監督を行う仕組みを「ワンストップ・ショップ」という。

「重大な影響を及ぼす」とは、例えば個人に対して損害、損失または苦痛をもたらしたり、権利を制限したり機会を奪ったりする場合に加え、健康、

福利または安心感に影響を及ぼす、金銭的または経済的地位に影響を及ぼす、さらには差別したり不当に処遇する場合などに当てはまる。主監督機関は、管理者または処理者の主たる拠点(中央本部が存在する場所)または単一の拠点が存在する場所に基づき決定される[2]。

第2節「一貫性」は、EU全域でGDPRを一貫して適用するために設けられた仕組みである。第63条「一貫性の仕組み」は、監督機関の相互協力および欧州委員会との協力を定めており、一貫性は、特に監督機関において、複数加盟国内での大多数の個人に重大な影響を与える処理業務に関し、法的効果を生じさせることを意図する措置を採用するときなどに適用される。

第64条は、「欧州データ保護会議の意見」を定める。欧州データ保護会議(EDPB)は、95年個人データ保護指令に基づく第29条作業部会に代わる組織であるが、同作業部会と異なり、拘束力ある決定を下すことができる点で強い権限を有しており、その権限の範囲も広がっている。

EDPBは、所管の監督機関において、①DPIAの義務に服する処理業務一覧の採択、②行動規範の草案または修正、もしくは拡張に関するGDPR遵守の有無、③行動規範を監督する団体、または、認証機関の認定基準の承認、④処理者および越境データ移転に関する標準データ保護条項の決定、⑤越境データ移転に関する契約条項の許可、⑥BCRsの承認を行おうとする場合に、意見を発出しなければならない(第64条1項)。

EDPBは上記の協力手続において、主監督機関と関係監督機関相互の意見が対立する場合に、拘束力ある決定を下す権限を有する(第65条)。

その他、本人の権利が大きく損なわれる危険が存在する場合に、関係監督機関が暫定的措置を採択できる手続(第66条)、欧州委員会、監督機関、EDPBとの間の情報交換(第67条)が定められている。第66条の暫定的手続

---

2) 　第29条作業部会「管理者または処理者の主監督機関を特定するためのガイドライン」(2016年12月13日、最終改正2017年4月5日)。

は、第60条の協力手続の中でも例外として適用されることがある。

第3節「欧州データ保護会議」は、EDPBの設置（第68条）、独立性（第69条）、職務（第70条）を定めている。EDPBはEUの組織の1つとして設置され、法人格を有する（第68条1項）。その職務は多岐にわたっており、GDPRの適用監視、欧州委員会への助言、指針、提言および最良の実務の発出、行動規範および認証制度の奨励・支援、十分性評価に関する欧州委員会への意見提供、協力・一貫性の仕組みへの関与などがある（第70条1項）。

その他、年次報告の策定（第71条）、多数決の手続（第72条）、議長の選出および任期（第73条）、議長の職務（第74条）、事務局（第75条）、機密性（第76条）に関して定められている。なお、EDPBの事務局は欧州データ保護観察官（EDPS：European Data Protection Supervisor）[3] が担っている。

3.2 制裁措置

3.2.1 ▶ 救済制度

ポイント

- GDPR違反に対しては、様々な救済手段が用意されている。具体的には、監督機関への苦情申立権、監督機関を相手とする司法的救済の権利、管理者または処理者を相手とする司法的救済の権利、管理者または処理者に対する損害賠償請求権、行政上の制裁金、罰則である。
- 制裁金以外の罰則は、加盟国法により制定される。

---

[3]　European Data Protection Supervisor（https://edps.europa.eu/）とは、規則（EU）2018/1725に基づき、EUの諸機関による個人データの処理を監督する組織である。

GDPRは、最大2,000万ユーロ、または企業の場合は前会計年度の全世界の年間総売上の4%までの制裁金を科すことができるという規定が設けられたことで注目された。しかし行政上の制裁に限らず、種々の救済手段が用意されている。

表3-4

制裁措置の概要

条文	規定	概要
第77条〜第82条	行政および司法上の救済	監督機関への苦情申立、監督機関、管理者または処理者に対する司法的救済、管理者または処理者に対する損害賠償請求、罰則
第83条	制裁金制度	2種類の行政上の制裁金

出典：GDPR条文より筆者作成

　第一は、監督機関への苦情申立権である（第77条）。本人（データ主体）は、自分に関する個人データの処理がGDPRに違反すると考える場合には、監督機関に対し苦情を申し立てる権利を有する。

　第二は、監督機関を相手とする司法的救済の権利である（第78条）。個人または法人は、自らに関して監督機関が下した法的拘束力を持つ決定に対し、司法的救済を得る権利を有する。

　第三は、管理者または処理者を相手とする司法的救済の権利である（第79条）。本人は、GDPRに違反する自分の個人データの処理結果として、その権利を侵害されたと考える場合には、司法的救済の権利を有する。

　第四は、賠償請求権および法的責任（第82条）である。GDPR違反の結果として財産的または非財産的損害を受けた者は、被った損害に対し、管理者または処理者から賠償を受ける権利を有する（第82条1項）。管理者または処理者は、損害を引き起こした事象になんら帰責事由がないことを証明する場合には法的責任を免除される（同条3項）。複数の管理者ないしは処理者が同じ処理に関与していた場合には、それぞれが全損害に法的責任を負う（同条4

項)。

第5は行政上の制裁金である（第83条）。これについては後述する。

第6は罰則である（第84条）。加盟国は、特に行政上の制裁金の対象とならない違反に対して、GDPR違反に適用可能な罰則基準を定め、その実施を保障するために必要なすべての措置を講じなければならない。刑事罰に関しては、GDPR違反を通じて得られた利益を没収することもできる（前文(149)項)。

3.2.2 ▸ 行政上の制裁金

ポイント

- 行政上の制裁金を科す際には、個別事情に応じて、効果的であり、違反の程度との均衡が取れており、違反に対する抑止効果を持つことが求められる。
- GDPR違反には、「同等の制裁」を課さなければならない。
- 行政上の制裁金を科す際には、侵害の性質、重大さおよび期間、故意または過失、被害軽減策、安全保護措置、過去の違反、監督機関との協力、影響を受けた個人データの種類、監督機関が違反を知るに至った態様、過去の命令への遵守状況、行動規範または認証制度の遵守、違反から得られた経済的利益等が考慮される。
- 行政上の制裁金のうち、①管理者または処理者の義務違反は、最大1,000万ユーロ、または企業の場合は前会計年度の全世界の年間総売上の2％までの制裁金のどちらか高い方、②データ処理に関する基本原則違反、本人の権利侵害、越境データ移転制限違反、監督機関の命令違反は、最大2,000万ユーロ、または企業の場合は前会計年度の全世界の年間総売上の4％までの制裁金のどちらか高い方に処せられる。

第3章　法執行の仕組みと求められる具体的対応　　141

(1) GDPRの条文

　各監督機関は、違反行為の一覧に応じた行政的制裁金を科す権限を有している（第83条）。制裁金は、個別事例の状況を考慮に入れて科されることになるが、その金額の高さから域外適用を受けるEU以外の国の関心を集めることとなった。

　行政上の制裁金を科す際には、「個々の事案において効果的であり、違反の程度との均衡が取れており、違反に対する抑止効果がある」こと、多くの考慮要素に基づき個別事情に配慮すること、複数の違反がある場合には最も重大なものに関する総額を超えてはならない旨の上限が定められている（第83条1項～3項）。

　違反行為に対する制裁金の種類は、次のとおりである。

表3-5

行政上の制裁金①：1,000万ユーロまたは2%まで（第83条4項）

(a) 管理者および処理者の義務
第8条　情報社会サービスに関して児童の同意に適用される条件
第11条　識別を要しない処理
第25条　データ保護・バイ・デザインおよびバイ・デフォルト
第26条　共同管理者
第27条　EU内で設立されていない管理者または処理者の代理人
第28条　処理者
第29条　管理者または処理者の許可に基づく処理
第30条　処理行為の記録
第31条　監督機関との協力
第32条　処理の安全性
第33条　監督機関への個人データ侵害の通知
第34条　本人への個人データ侵害の連絡
第35条　DPIA
第36条　事前の協議
第37条　DPOの指名
第38条　DPOの立場
第39条　DPOの職務

第42条	認証
第43条	認証機関

(b) 第42条（認証）および第43条（認証機関）に基づく認証機関の義務
(c) 第41条（承認された行動規範の監視）の4項に基づく監督団体の義務

出典：GDPRの条文をもとに筆者作成

表3-6

行政上の制裁金②：2000万ユーロまたは4%まで（第83条5項～6項）

第83条5項の制裁金
(a) 第5条（個人データ処理に関する諸原則）、第6条（適法な処理）、第7条（同意の条件）、第9条（センシティブデータの処理）に基づく、同意条件を含む、処理に関する基本的諸原則
(b) 本人の権利
第12条　本人が権利を行使するための情報、通知および手続の透明性
第13条　本人から個人データを収集する場合に提供すべき情報
第14条　本人から個人データを取得しなかった場合に提供すべき情報
第15条　本人によるアクセス権
第16条　訂正権
第17条　削除権（「忘れられる権利」）
第18条　処理制限への権利
第19条　個人データの訂正もしくは削除または処理制限に関する通知義務
第20条　データ・ポータビリティの権利
第21条　異議申立権
第22条　プロファイリングを含む、自動処理による個人に関する決定
(c) 次に掲げる規定に基づく第三国または国際機関の受領者への個人データ移転
第44条　移転のための一般原則
第45条　十分性決定に伴う移転
第46条　適切な安全保護措置による移転
第47条　BCRs
第48条　EU法が許可していない移転または開示
第49条　特定の状況による例外
(d) 第9章（特別な処理状況に関する規定）で採択された加盟国法によるあらゆる義務
第85条　処理と表現および情報の自由
第86条　処理と公文書への一般からのアクセス

第87条	国民識別番号の処理
第88条	雇用環境における処理
第89条	公益におけるアーカイブ目的、学術的または歴史的研究の目的、または統計目的のための処理に関する安全保護および例外
第90条	守秘義務
第91条	教会および宗教団体に関する現行のデータ保護規則

（e）第58条2項に基づく監督機関による命令、処理に関する一時的または終局的制限、データ流通中止の違反、または、第58条1項違反の場合に資料提供等を行わないこと

第83条6項の制裁金

第58条2項に基づく監督機関の命令違反

出典：GDPRの条文をもとに筆者作成

（2）解釈指針

　EUは、「制裁金の適用及び設定に関する指針」[4] を公表しており、次のような考え方が示されている。

① 　監督機関の遵守すべき諸原則

- 同等の規則違反には、「同等の制裁」を科すように導かなければならない
- 監督機関が選択する全ての矯正措置と同様、行政上の制裁金は「効果的で、均衡的、抑止的」であるべきである
- 監督機関は「各個別事案において」評価を行わなければならない
- データ保護分野での行政上の制裁金を調和の取れたものにするために、監督機関間の積極的な取組みと情報共有が必要である

4）　第29条作業部会「制裁金の適用および設定に関するガイドライン」（2017年10月3日）。

② 第83条2項の評価基準

a．侵害の性質、重大さおよび期間

　監督機関が、ある侵害を、本人の権利に重大なリスクを及ぼさず、問題の義務の本質に影響を与えないと判断する場合には、制裁金を科さないで（いつもではないが）、譴責に置き換えることができる（前文（148）項）。

　第83条4項（1,000万ユーロまたは全世界の総売上の2%まで）は、同条5項（2,000万ユーロまたは全世界の総売上の4%まで）と比較して、相対的に重大性の低いものである。しかし、この項目に該当する行為であっても、状況によっては高いレベル（2,000万ユーロ）と評価される場合があることに注意すべきである。例えば、特定の違反に対する監督機関の従前の命令に対し、管理者または処理者がその遵守を怠った場合（第83条6項、2,000万ユーロ又は全世界の総売上の4%まで）に該当する可能性が高い。

　制裁金に関しては、①関係する本人の数、②処理目的・本人が被った損害の程度、③侵害の期間、といった要素を組み合わせて評価すべきである。

　関係する本人の数は、問題となるデータベース内の登録者の全体数、サービス利用者の数、顧客の数、または、国の総人口等に応じて評価される。そして、これが個別の事象であるか、よりシステマティックな侵害または適切な定期業務の欠如であるかも考慮すべきである。ただし、システマティックなものでない個別事象であっても、多くの本人に影響を与え得るため、執行の可能性はある。侵害の期間については、管理者側の故意による行動に起因するものなのか、適切な予防措置が行われていなかったのか、要求される技術的・組織的措置を講じる能力がなかったのか、なども評価すべきである。

b．違反の性質が故意か過失か

　一般に、「故意」には、侵害とその性質を認識していることも含む。これに対して、「故意でない」とは、管理者/処理者が法的な注意義務を犯したものの、侵害を引き起こす意図がないことを意味する。

故意の侵害としては、管理者の最高幹部が明示的に許可した場合や、DPOの助言や現行の方針を無視して行われるものがある。例えば、市場での競争事業者の信用を低下させる目的で、競争事業者の従業員のデータを取得し処理する場合などがこれに当たる。

実際に起こったものとして、個人データを改ざんして、病院の待ち時間を短縮する目的を達成したと誤解させた例がある。マーケティング目的の事例としては、情報の利用目的に関する本人の意思を確認していなかったり、または本人が反対の意思を持っているのに、本人の同意を得ているものとしてデータの販売を行うことなどが、故意に当たる。

過失の例としては、現行の方針をきちんと確認して遵守していない場合、ヒューマンエラーが生じた場合、公開情報内の個人データの確認不足がある場合、適時に技術的更新を行っていない、適用どころか方針そのものを採用しない場合、などがある。

c．本人が被った損害を軽減させるために、管理者または処理者が取ったあらゆる行動

管理者および処理者は、リスクに適したセキュリティレベルを保障するなどの義務を負うが、本人が損害を被った場合、責任を負う当事者は、侵害が当該個人に与える結果を軽減するためのあらゆる措置を実施すべきである。当該行動（またはその欠如）は、特定の事案において科せられる制裁金の算出に際して考慮されるとともに、監督機関が是正措置を選択する際にも考慮事項となる。

管理者または処理者が、違反を認めた上で影響を是正/制限するための責任ある行動を取った場合には、制裁金の適用について、ある程度柔軟に判断することが認められる。こうした行動としては、例えば、「処理の拡大を引き起こし得る他の管理者/処理者に連絡を取る（例えば、データの一部が誤って第三者と共有された場合など）」「事態を悪化させてより深刻な段階に進まないように、侵害状態の継続や拡大を防止するために適時に行動する」などがあげ

られる（ただし、これら全ての場合に軽減されるわけではない）。

d．第25条(データ保護・バイ・デザインまたはバイ・デフォルト)および第32条(処理の
　安全性)に基づく技術的・組織的措置を考慮に入れた、管理者および処理者の
　責任の程度

　管理者がどの程度「期待されることを行った」のかを評価する際に、監督
機関は「最良の実務」を実現するためにはどのような手順や手法がありうる
のかを、十分に考慮すべきである。業界基準や、各分野または業界の行動規
範を考慮に入れることは重要である。行動規範には、当該分野における標準
実務、処理に関連する典型的なセキュリティ問題に対処するための多様な手
段についての知識基準を示されていることがある。最良の実務を追求するこ
とは理想的である一方で、個別事案の具体的状況も、責任の程度を評価する
際に考慮に入れなければならない。

e．管理者または処理者による、関連するあらゆる過去の違反

　違反した事業者に、過去にも違反歴があったかどうかも、評価に加味され
る。監督機関が評価すべき事項は次のとおりである。

- 管理者／処理者が以前に同じ違反を犯したか否か
- 管理者／処理者が同じ方法でGDPR違反を犯したか否か（例えば、組織
　内での現行の日常業務に関する知識不足、または、不適切なリスク評価、本人の
　要請に適時に対応しなかったこと、要請への対応を不当に遅延したことなど）

f．違反の是正および違反の潜在的悪影響を軽減するため、監督機関と協力する
　程度

　第83条2項は、協力の程度を「正当に考慮」できると定めている。これ
は、通常、科すべき制裁金の総額を算出するときに考慮される。しかし、管
理者の介入によって、個人の権利への悪影響が生じず、またはその影響が制

限された場合には、個々の事案に適した是正措置を選択できる。例えば、特定事案の調査段階において、事業者が監督機関の要請に対応することで、結果として個人の権利への影響が大幅に軽減されることがある。

g．違反によって影響を受けた個人データの種類
監督機関が考慮すべき主な事項は、次のとおりである。

- 侵害が規則第9条または第10条に定めるセンシティブデータの処理に関係するか
- データが個人を直接または間接に識別できるか
- 個人に対する直接的な侵害/苦痛をもたらすようなデータの拡散か（ただし第9条または第10条以外）
- 技術的保護または暗号化なくして、データを直接的に利用できるか

h．監督機関がどのように違反を知るにいたったのか、特に、管理者または処理者が違反を通知したか否か、もし通知したならその程度
監督機関は、調査、苦情、報道機関の記事、匿名通報または管理者からの通知によって、侵害について認識する場合がある。管理者が、単にデータ侵害通知義務に従って通知をした場合には、この義務の遵守は、制裁金の軽減要素にはならない。管理者/処理者が、不注意によって通知を行わなかったり、侵害程度を適切に評価しなかったために侵害の全細目を通知しなかったりした場合には、軽微な侵害とは分類されない可能性が高く、監督機関はこれをより重大な制裁に値すると評価しうる。

ｉ．同じ対象事項について、関連する管理者または処理者に対して、第58条2項
　に定める是正措置が過去に命じられていた場合に、それらの措置の遵守

　以前に違反を犯した管理者または処理者は、既に監督機関の注視の対象と
なっており、DPOが存在する場合には、監督機関とDPOのやりとりが広範
囲に及んでいる可能性がある。そこで、監督機関は過去の接触を考慮に入れ
る。

ｊ．第40条に基づき承認された行動規範または第42条に基づき承認された認証
　制度の遵守

　承認された行動規範を遵守しているかどうかは、違反に対する行政上の制
裁金を科すべきどうかや、是正措置による介入がどの程度必要であるかを
判断する際に、考慮することができる。

　管理者または処理者が承認された行動規範を遵守している場合、規範の管
理責任を負う規範コミュニティによる適切な措置(例えば、行動規範の監視およ
び執行)によって十分な対応が得られれば、監督機関はあえて規制を行わな
いことも選択しうる。具体的事例において、監督機関が追加的措置を講じな
くとも、規範コミュニティによる措置が十分に効果的、均衡的または抑止的
であると評価できる場合もありうる。

　規範コミュニティは、当該管理者または処理者の行動規範への参加を停止
または排除することを含め、GDPRの監視の仕組み(第41条2項(c)号、第42
条4項)を通じて一定方法の制裁を科すことができる。ただし、監視権限は
「所管の監督機関の職務および権限を損なわない」ため、監督機関は、自主
規制の仕組みに沿った過去の制裁を考慮に入れる義務を負わない。自主規制
の仕組みを遵守していないことは、管理者/処理者の過失また故意の根拠と
される可能性がある。

ｋ．直接または間接を問わず、違反から得られた財政上の利益または回避した損
　失のように、事案の状況に適用可能な、その他のあらゆる悪化または軽減要
　素

　違反者が侵害の結果として利益を取得したという情報は、特に監督機関に
とって重要である。なぜなら、侵害から得られる経済的利益は、金銭的要素
を持たない措置を通じては補償できないからである。そのようなものとし
て、管理者がGDPR違反から利益を得たという事実は、制裁金を科すべき
強い理由となりうる。

(3) 執行例

　実際に制裁金が課された例として、2019年1月21日、フランスの監督機
関であるCNIL (Commission Nationale de l'Informatique et des Libertés) は、グーグ
ルに対して、2種類の違反行為があったとして、5,000万ユーロの制裁金を
科した事案がある[5]。

　第1の違反行為は、情報提供義務が不十分であり、透明性の義務に違反し
たということである。ターゲティング広告に使われているデータ処理目的や
保存期間等の重要情報に到達するまでに複数回のクリックを必要としたこ
と、また、グーグルの提供するサービスの数（約20）、処理及び統合されるデー
タの量および性質から、処理業務は極めて大量かつ侵害的であり、特に、処理
目的の説明が非常に一般的かつ曖昧な態様で行われていたこと等を理由とする。

　第2の違反行為は、ターゲティング広告を提供するための利用者による同
意が有効でなかったということである。処理業務に関する情報はいくつかの
文書において明確さを欠いており、例えば、「ターゲティング広告」の項目
は、複数のサービス、ウェブサイトおよびアプリに関わっていることの説明になっ
ておらず、ユーザが処理および統合されるデータ量を把握することができない。

---

[5] CNILのウェブサイト（https://www.cnil.fr/en/cnils-restricted-committee-imposes-financial-penalty-50-million-euros-against-google-llc）参照。

また、アカウント作成時の同意取得も不十分とされた。アカウント作成時にユーザは、「追加オプション」のボタンをクリックすることでターゲティング広告の表示を設定できる。しかし、そのためには「追加オプション」をクリックしなければならず、ターゲティング広告の表示について、チェックボックスに同意することを意味するチェックが、あらかじめ入れられていた。これは「不明瞭でない」の要件に反する。

　さらに、ユーザは、アカウント作成前に「私はグーグルの利用条件に同意しました」、「私は上記の通り、さらにプライバシーポリシーに記述された通り、私の情報の処理に同意します」と記載されたボックスにチェックを入れるよう求められるが、これはグーグルが実施する全部の処理業務への同意を与えるものであり、目的ごとに「特定」の同意を取らなければならないというGDPRの要件を満たさないとされた。

3.3 ｜ 国内企業に求められる対応

3.3.1 ▸ EUに拠点のある企業

ポイント
- EUに拠点を持ち、EU域内にいる者の個人データを処理している企業は、EU域内の企業と同様のGDPR対応をする必要がある。
- 自社において個人データがどのように取得され、どのように利用されているのか、その個人データがどの適法化根拠に基づいて処理が許され、どのような義務に対応しなければならないかをチェックしなければならない。

EU域内にある「拠点の活動の過程 (in the context of the activities of an establishment)」

図3-2
越境データ移転のイメージ

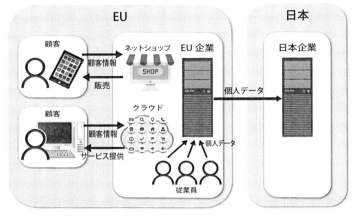

出典：EDPBガイドライン等を参考にして筆者作成

表3-7
日本の企業等に求められるGDPR対応

ビジネス種別	域内拠点	EU市民等の個人顧客	対象情報	対応義務
①EU域内でのB2C	○	○（B2C）	顧客情報 従業員情報等	全規定の遵守*
②EU域内でのB2B	○	×（B2B）	従業員情報等	全規定の遵守*
③EUを対象としたB2C	×	○	顧客情報等	全規定の遵守 代理人の設置
④EUからの域外移転	×	×	EU域内から提供された個人データ	十分性認定 補完的ルール遵守

*日本の本社等への個人データの移転については、十分性認定に基づき行うことができる。
出典：GDPRの条文をもとに筆者作成

における個人データの処理を行う企業等には、GDPRの規定がすべて適用になる。行っているビジネスがB2Bのみであって個人の顧客がない企業等

図3-3

処理の適法化根拠と法的義務

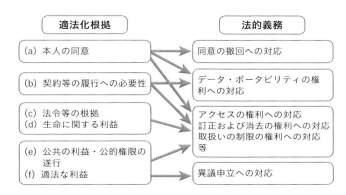

出典：GDPRの条文をもとに筆者作成

であっても、従業員や取引先に関する個人データについて、GDPRの適用を受ける。そして、EU域内の一般消費者向けに商品の販売や（B2C：Business to Consumer）を行っている場合には、これらに加えて顧客の個人データがGDPRの対象となる。

特に注意すべき点としては、①適法化根拠、②子供の情報や、いわゆるセンシティブ情報（「2.1.5 特別な情報」参照）が含まれていないか、③撤回や異議申し立て、削除権、データ・ポータビリティ権への対応は可能か、④プロファイリング規制違反はないか、⑤DPIAやDPOが求められていないか、⑥データ侵害通知に対応できるか、といったものがある。

また、どの適法化根拠に基づいて処理を行うかによってどのような義務が課せられるかが変わってくる。したがって、個人データとその取扱いの種類ごとにきちんと定めておく必要がある。そのためには、自社内の個人データがどのように取得され、どのように利用されているのか、GDPRで適法化されない利用がないか、どのような義務に対応しなければならないか、を把握しなければならない。

3.3.2 ▸ EUに拠点のない企業

> **ポイント**
> - EUに拠点をもたない企業等に求められる対応は、越境データ移転と、GDPRの直接適用の、どちらにあたるのかによって異なる。
> - 日本に対して十分性認定が認められたため、EU域内から日本への個人データ移転はこれに依拠し、個人情報保護委員会の補完的ルールを遵守することで可能になった。
> - どのような場合に、GDPRが直接適用されるのかは、かなり不透明である。EU市民等を相手にビジネスを行っている企業や、EU市民等が閲覧する可能性の高いウェブサイトを設置している企業（特にeプライバシー規則制定後）は、最低限の備えをしておく必要がある。

　EUに拠点のない日本企業が、EU域内から個人データの移転を受ける場合には、越境データ移転の枠組に依拠して移転を行うことができる。本人の個別の同意等なしに第三国または国際機関への個人データ移転を行うためには、①十分性認定、②拘束的企業準則、③標準データ保護条項、④行動規範、⑤認証などを根拠にする必要がある。

　越境データ移転に該当するのは、EU域内の管理者から個人データのデータ処理等を委託される場合などが典型であろう。日本の個人情報保護制度は、①の十分性認定を受けているので、今後はこの越境データ移転については、基本的にこれに依拠することになるだろう。ただし、EU域内から日本に移転された個人データに関しては、個人情報保護法と個人情報保護委員会の補完的ルールを遵守しなければならない。

　これに対して、EU域内に拠点のない企業であっても、EU域内の本人に対する物品またはサービスの提供や、EU域内での本人の行動のモニタリングに関連して、個人データの処理を行う場合には、GDPRが直接適用され

表3-8

EU域内の顧客の個人データが扱われる例

形態	データの例	具体例
①ウェブページ開設	cookie、IPアドレス（アクセス記録）	EUからアクセスした閲覧者のクッキー等を取得する
②オンライン・サービス、オンライン・ショップ	氏名、送付先住所、電話番号、支払情報、cookie、IPアドレス、その他	クラウドやストレージサービスの提供事業者が、EU市民等の利用申込を受け付ける。EU市民等を対象にオンラインで商品を販売する
③宿泊・レンタル・シェアリング等の提供	氏名、送付先住所、電話番号、支払情報、パスポート等のID情報	日本を旅行する予定のEU市民等から予約を受け付ける

出典：EDPBガイドライン等を参考にして筆者作成

ることになる。実際にEU域内からの利用がありそうなものとしては、例えば、①ウェブページ開設、②オンライン・サービス、オンライン・ショップ、③宿泊・レンタル・シェアリング等の提供などが考えられる。

①ウェブサイト開設（図3-4）

　企業がウェブサイトを開設する場合、特にアクセス制限等を設定しなければ、EU域内からもそのサイトにアクセスすることができる。最近では、英語に対応しているサイトも多いので、EUからも閲覧者は訪れるだろう。

　しかし、EUから閲覧があるかもしれないという理由だけで、GDPRが直接適用されることはない。ウェブサイトを通じて、EU域内の本人に対する物品またはサービスの提供や、EU域内での本人の行動のモニタリングに関連して、個人データの処理を行っているような場合に、GDPRの直接適用を受けることになる。例えば、行動ターゲティング広告、位置情報のマーケティング利用、個人のプロファイルに基づく市場調査等を、EU域内の本人について行っている場合には、行動のモニタリングにあたり、GDPRの適用対象となる。

第3章　法執行の仕組みと求められる具体的対応　155

図3-4
ウェブサイト開設と個人データ

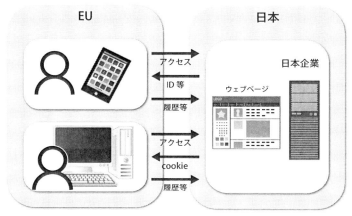

出典：EDPBガイドライン等を参考にして筆者作成

　GDPR自体の適用がない場合でも、eプライバシー指令の規定が問題となる場合がありうる。多くのウェブサイトでは、cookie等によって閲覧者に関する情報を利用している。eプライバシー指令は、cookie等の利用に際して本人の同意取得を求めている。これに関して各加盟国が国内法を整備しており、義務違反に対して制裁金を科すなどの法執行も実際に行われている。ただし、現在のところ、EU域内からアクセスできるウェブサイトを開設して、cookieの利用を始めたというだけで、日本企業に対してeプライバシー指令の規定に基づく規制が行われる可能性は低い。

　しかし、現在検討されているeプライバシー規則案が成立し、対象サービスと適用範囲が拡大された場合には、あらたに対応が求められる可能性がある。

　現在提案されている規則案では、EU域外の企業等が開設したウェブサイトであっても、「EU域内にいるエンドユーザの端末機器」に保存される情報は保護の対象となり、同意の取得等が義務付けられることが明確になって

いる。そして、「サービス提供者等がEU域内に設立されていない場合には、サービス提供者等は、EU域内の代理人を書面で指定しなければならない」という規定もある。もちろん、最終的な規定がどうなるかによるが、EU市民等が見るウェブサイトを開設してcookieを利用するのであれば、代理人の指定が求められる可能性がある。

②オンライン・サービス、オンライン・ショップ（図3-5）

　クラウドやストレージサービスの提供事業者が、EU市民等の利用申込を受け付けたり、オンライン・ショップがEU市民等を対象にオンラインで商品を販売したりする場合には、EU域内の本人の個人データを取り扱うことになる。たまたま顧客の中にEU域内の者が含まれているというだけでは、GDPRの適用対象にはならないと考えられているが、Webサイト上にEU加盟国の表記、特にEU加盟国に対するプロモーション、EU加盟国の言語または通貨の使用、EU加盟国内で物品の配送等が行われているなど、EU市民等に向けたビジネスを行う意図があると認められれば、GDPRの適用対象となる。

　オンラインで物品販売やサービス提供を行う場合には、EU市民等をターゲットにするのかどうかを明確に定め、ターゲットにしないのであれば上記のような要素を含まないように注意すべきである。もし、EU市民等をターゲットにするのであれば、GDPRの規定を遵守するとともに、代理人の指定を行う必要がある。

　なお、EDPBのガイドラインによれば、スマートフォン向けアプリを提供する場合にも、例えばEU域内で利用できる地図アプリを提供する場合には、GDPRが適用される（EDPBガイドラインの事例8）。しかし、例えば米国の企業がもっぱら欧州を訪れている米国人旅行者向けにアプリを提供する場合には、EU域内で個人データを収集してもGDPRの適用がないかのような説明もある（EDPBガイドラインの事例9）。この2つの事例については、EU域内にいる者とEU市民について、ガイドライン自体がやや混乱している印象もあ

図3-5
オンライン・サービス、オンライン・ショップと個人データ

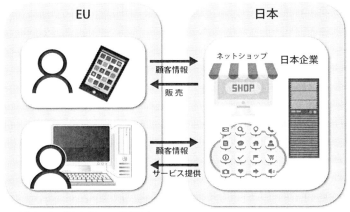

出典：EDPBガイドライン等を参考にして筆者作成

り、はっきりとした境界線は引けないことがわかる[6]。

このため、日本語以外の（EU域内で使われている）言語で表示されるアプリを提供する場合には、GDPRが適用されるリスクを払拭できないと考えるべきであろう。

③宿泊、レンタル、シェアリング等の提供（図3-6）

日本を訪れるEU市民等が、滞在期間中に利用する宿泊施設や各種サービスの予約をEU域内から行う場合には、氏名、送付先住所、電話番号、支払情報、パスポート等のID情報などが取得される可能性がある。このような場合に、EU域内に向けてこうしたサービスを提供する意図が明白であればGDPRが適用されることになる。

---

[6] EDPB「地理的適用範囲（第3条）に関するガイドライン（パブリックコメント版）（3/2018）」（2018年11月16日）13-14頁。

図3-6

宿泊・レンタル・シェアリング等の提供と個人データ

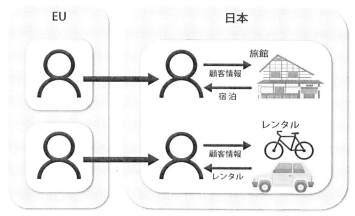

出典：EDPBガイドライン等を参考にして筆者作成

　論理的には、これらのサービスについてEU市民等の申込みを受け付けているにもかかわらず、EU域内に向けてサービスを提供する意図がないというのは無理がある。というのも、これらのサービスでは、住所地等を確認することが通常だからである。

　しかし、特にEU市民等を顧客ターゲットにしておらず、実際の利用も少ない場合には、GDPRは適用されないと考えるべきだろう。ただし、このようなサービスに関しても、少なくともEU市民等をターゲットにするのかどうかを自社の方針として明確に決定しておくことが望ましい。

　もし、EU市民等をターゲットにするのであれば、GDPRの規定を遵守するとともに、代理人の指定を行う必要がある。

　以上、EU域内に拠点を持たない企業が、EU域内の本人に対して物品またはサービスの提供を行う例として、よくあると思われるものを検討した。もちろん、ビジネスの形態は多様であり、実際の対応を個別に判断する必要

がある。また、上記では、管理者となる場合を想定しているが、管理者に当たるのか処理者に当たるのかについても検討が必要だろう。

どのような場合にGDPRが直接適用されるのかは、かなり不透明である。特に、「EU域内の本人に対する物品またはサービスの提供」に当たるかどうか、明確な判断は難しい。また、ウェブサイトが閲覧者に関連するなんらかの情報を収集するのであれば、EU域内での本人の行動のモニタリングに該当する可能性がある。EU市民等を相手にビジネスを行っている企業や、EU市民等が閲覧する可能性の高いウェブサイトを設置している企業は、EU域内を対象とすることを意図してビジネスを行うのかどうか、基本的な方針を定めておくことが重要だ。そして、EU域内の顧客を重要な顧客であると位置づけるのであれば、GDPRの規定に対応することを考えるべきである。また、cookie等の利用に関しては、eプライバシー規則案が成立した場合、対応が不可欠となるだろう。

一方、こうしたビジネスを意図していないという方針を取るのであれば、そのような認定をされないように、例えば言語や通貨、顧客に対するメッセージ等に、そのような内容が含まれないように十分注意したほうがよいだろう。EU域内での行動のモニタリングにあたることが行われていないかどうかも確認する必要がある。そして、もしGDPRの適用に関連する照会等があった場合には、なぜGDPRの適用がないと考えたのか、その理由を具体的な根拠をあげて説明できるように準備しておくことが望ましい。「もしかしたら該当しないのではないか」という希望的観測で、中途半端な方針を取ることだけは勧められない。

小向太郎 ✕ 石井夏生利

GDPRと個人情報保護制度の行方

執筆を終えて

石井　『概説GDPR』がようやくできあがりました。この本は、法律や個人情報保護にあまり詳しくない一般の読者の方にも「ストレスなく」読んでもらえるものを目指しましたが、書き上げてみて、その目的は達成できたでしょうか。

小向　書いている本人たちは「ストレスあり」だったと、振り返ってみて思います。というのも、GDPRは、条文も前文も、関連文書もやたら膨大で読みにくい。正直なところ、これを簡単に説明するのは無理ではないかと思いました。ただ、かなり思いきって整理しています。少なくとも単なるコンメンタールよりは読みやすいのではないかと自負しています。

1 ▶ GDPRはなぜ「世界を揺るがす」のか?

小向　GDPRの影響を受けているのは日本だけではありません。現在、GDPRが世界を席巻している状況について、石井先生はどう思いますか。

石井 EUのGDPRは確かに勢いがあり、北米のみならず、アジアやアフリカの国々にも影響を与えています。法的には、域外適用や第三国移転制限の規定が加盟国以外にも影響するため、EU市民のデータを取り扱う第三国の事業者等は、GDPRを意識した対応をせざるを得ません。また、GDPRの存在自体が第三国のデータ保護立法のレベルを上げる傾向もみられます。実際、日本も2015年9月に個人情報保護法を改正し、EUとの協力対話の末、2019年1月に十分性を獲得しました。日本のこうした取組みによって、データ保護レベルの向上を、と考える国が出てくるきっかけにもなると思います。アメリカの大手IT企業の一部も、2018年後半頃から包括立法が必要と主張し始めており、州レベルではカリフォルニア州が消費者プライバシー法を制定し、注目を集めています。

　他方、各国には法文化の違いがあります。アメリカは、規制を好まず、情報の自由を重んじる国です。日本は、行政の指導が効果的で、遵法意識の高い国だと言ってよいでしょう。こうした国にとって、単にGDPRを真似るような法律を作ることは過剰規制を生みかねません。逆に、GDPRのコピー法を作って実際は何もしないという国があれば、その国の法制度への信頼が失われてしまいます。

　また、GDPRの中でも、例えばデータ・ポータビリティ権や行動規範、認証制度など、運用・執行方法が見えにくい制度もあります。加盟国の監督機関が、域外への法執行を行う場合に、どこまで強制力が及ぶのか、という点も課題です。このように、GDPRについては、多面的な視点から諸課題を分析しなければなりません。冷静にEUの動向を注視する必要があると考えています。特に、法制度面では過剰規制に陥るべきではないこと、また日本の事業者は、高い制裁金のリスクを過度に恐れるべきではない点についてはぜひ述べておきたいところです。

❷▶ 日本の個人情報保護制度はどうなる？

石井　2019年4月25日、個人情報保護委員会は「個人情報保護法　いわゆる3年ごと見直しに係る検討の中間整理」を公表しました。日本の個人情報保護法は、その附則第12条3項によって、施行後3年ごとに「新個人情報保護法の施行の状況について検討を加え、必要があると認めるときは、その結果に基づいて所要の措置を講ずるものとする」と定めています。個人情報保護法の改正法は2015年9月3日に成立し、2017年5月30日に全面施行されました。それから3年ごとの見直しに関する検討が進められています。

　「中間整理」の内容を見ると、2019年1月23日の十分性認定の影響もあって、かなりEUのGDPRを意識した内容になっていると思います。ようやく日本も十分性認定を受けることができましたが、一方で、厳しいことも言われています。そこで、これから個人情報保護法の改正にあたり、どのようなことが議論されていくとお考えでしょうか？

小向　まだ、議論の途中なのでなんとも言えませんが、「中間整理」のなかで、具体的な制度の導入について比較的ポジティブな表現が使われているのは、「個人情報の利用停止等（18ページ）」「漏えい報告の義務付け（24ページ）」「PIA（プライバシー影響評価）を推奨する仕組み（32ページ）」といったところでしょうか。

　このなかで、データ侵害通知については、まともな企業は以前から報告を行っているので、義務化してもよいかもしれません。ただ、データ侵害通知を、漏えい企業を晒し者にするような、いわばサンクションのようなものとして運用することには反対です。この制度は、むしろ漏えいやインシデントが生じたときの対応を向上させるためのものでなくてはなりません。昨今は、個人情報漏えい企業を、すべて悪と捉える傾向が強いように感じます。しかし漏えいは必ず起こるし、どれくらいの対策を行っていたのか、またそれに際してどのような対応をしたかによって、非難されるべ

きかどうかは違ってくるはずです。そういったことも考慮して、対応を促すことにつながるような制度を導入したほうがよいでしょう。

PIA（プライバシー影響評価）については、入れてもいいと思います。ただ形骸化して手間が増えるだけのものにならないよう配慮しなければなりません。

GDPRでは高額な制裁金が注目を集めてきました。また、日本は法執行の実績が少ないという批判もEU側からは根強いようです。「中間整理」を見ると、「ペナルティのあり方（課徴金等）」や「域外適用のあり方（強化）」については、表現としては慎重な書き方になっています。ただし、課徴金制度の導入はありうるという見方もあるようです。

3▸　GDPRから学ぶべきこと

小向　私たちはふたりとも、個人情報保護委員会が実施した「中間整理」に関する有識者ヒアリングで意見を述べています（2019年5月17日、21日）。「中間整理」を踏まえて、日本の個人情報保護制度が、GDPRを参考に導入すべき制度はあるでしょうか。

石井　基本原則は入れるべきだと思います。個人情報保護制度の骨格となる基本原則を示す方式は、GDPRのみならず、OECDの1980年プライバシー・ガイドラインやアメリカのプライバシー保護法制などでも採用されています。まずは骨格を示した上で、具体的な権利義務を書き込んでいくべきです。

そして、基本原則の根本に据えるべきものは、GDPRでも重視されている本人にとっての透明性の確保でしょう。自分の個人情報がどのように処理されているのかわからなければ、本人の意思を反映することも、有効な対策を打つこともできないからです。GDPRの規定は、特にこの透明性の確保を目指していると言ってもよいのですが、まず日本で論点として検討すべきは、情報源や情報提供先の説明に関する具体的な規制でしょう

か。

小向　日本の個人情報保護に関する議論では、日本の制度とEUの制度が根本的に異なっている、ということが忘れられがちです。もちろん、日本ではEUのような基本原則を設けていないことも大きな違いだと思います。個人的には、GDPRで最も重要な条文は、適法化根拠を定めている第6条だと思います。GDPRは個人情報の取扱いを行う際には、全て何らかの適法化根拠（正当化事由）を求めている。これがすべての根源になっているので、個人情報を扱うにはこの適法化根拠をクリアする必要があります。

　それに対して、日本の個人情報保護法は、取得・利用する際に原則としてこうした根拠は求められていない。利用目的の特定と、通知や公表を行っていれば、本人の同意やその他の正当化事由は不要だということになっています。企業が個人情報を集めて企業内で利用する場合、いわゆる内部利用の場合には、かなり自由度が高い制度となっています。これは、個人情報保護法を制定するとき、現在行われている利用ができなくなると企業側からの抵抗が大きいため、まずは日本に個人情報保護制度を導入することを優先したからです。

　そのかわりというわけではないと思いますが、個人情報を取得した後に、利用目的の変更や第三者提供を行うときには、原則として本人の同意が必要で、例外規定も非常に厳格に定められています。このことによって、実質的には、事後的な第三者提供や利用目的の変更は禁止されていると言ってもよいでしょう。規制のつくりとしては、かなりアンバランスだと思います。

　2015年の個人情報保護法改正の際に、企業の側から、個人情報の定義や匿名加工情報に関する議論や要望が多かったのは、通常の取扱いに比べて第三者提供や利用目的の変更のハードルが高すぎるからです。そもそも何でも自由に使えるものなのに、なぜその場合だけそんなに厳しいのかというのが正直な感想でしょう。元々その取扱いの条件が緩すぎるという面があるのですが、そうした意見が出てくるのも無理はありません。

対談：GDPRと個人情報保護制度の行方　　165

これから利用が多様化して、本人の意思の反映の必要性とか、弊害を起こす可能性がある利用が広がっていくことが懸念されます。個人的には、本人の意思を反映する何らかの仕組みが、個人情報の取得や利用の段階から必要だと思います。その意味で、個人情報保護委員会が「中間整理」であげている利用停止の権利を認めるというのは、こうした検討の第一歩として良い取組みだと思います。しかし、本当を言えば、利用全般に関してきちんとした意思反映や正当化事由を求める仕組みを確保することを、もう少し積極的に検討したほうがよいでしょう。GDPRの適法化根拠の規定は、理想主義的に過ぎる傾向がありますが、こうした検討を行ううえで、とても参考になるはずです。

4 ▶ 公的部門の個人情報保護

小向　GDPRは官民一体の法制度を設けています。それとは異なる日本の法制度のあり方についてはどのようにお考えでしょうか。

石井　EUでは、旧法の95年個人データ保護指令の時代から、官民一体のデータ保護法制度を発展させてきました。GDPRも同じです。もちろん、官民一体の規律といっても、内容まで一律ではありません。例えば、忘れられる権利やデータ・ポータビリティ権は公的部門への適用を予定していません。ただし、データ保護責任者（DPO）の選任は公的部門の場合は必須となっています。

　このように、1つの法の中で公的部門・民間部門の性格に応じた調整がなされています。他方、EUのデータ保護法では、法制度全体を貫く基本原則が共通しており、監督機関の法執行が官民双方に及びます。

　これに対し、日本では、特に公的部門への個人情報保護委員会の権限範囲が一部（マイナンバーと行政機関非識別加工情報）にしか及ばない点で、中途半端な状態のままです。個人情報保護委員会のような独立監督機関は、行

政機関による国民監視をはじめ、個人情報の濫用的利用に歯止めをかける
ところに大きな存在意義があります。その意味で、監督権限は公的部門へ
も広く及ぼせるように制度上の手当をすべきだと思います。

小向　そのとおりですね。ただ、行政機関に対する規制は、官僚組織主導の
検討ではなかなか進みません。個人情報保護委員会は独立行政委員会なの
で、委員会が検討を主導するのであれば、こうした本来の使命を果たすた
めの制度整備を進めることが期待できる。表向きにはそのようになってい
ます。しかし現実的には、個人情報保護委員会の事務局は各省庁からの出
向者が主要なポストを担っていて、官僚組織に組み込ま
れています。

　私は、仮に行政機関に対する規制が法制化されれば、
委員会はきちんと職責を果たすと信じています。しか
し、このような制度を委員会が主導的に提案・整備する
のは、実際には難しいのではないでしょうか。公的部門
に対する規律については、立法府である国会が主導して
検討しなければならないでしょう。そのためには、この
制度の必要性がもっと広く国民に共有されて、国会議員がモチベーション
を持つようにならないと難しいのかもしれません。

5 ▶　AI・ビッグデータと個人情報

石井　AIに関するニュースを目にしない日はありませんが、プライバシー・
個人情報保護法の観点では、いわゆる「プロファイリング」といわれる
自動処理決定によって、個人に差別的評価をもたらすことが1つの論点と
なります。GDPRでは、プロファイリングに対する異議申立権（オプトアウ
ト）、自動処理による不利益決定に服さない権利が保障されています。こ
れらの権利の実効性、日本への導入是非についてはどのようにお考えで
しょうか。

小向　情報化の進展によって、個人情報が思わぬ使われ方をされてしまうことへの懸念がいっそう高まっているのは確かです。携帯端末の普及、またIoT（Internet of Things）やM2M（Machine to Machine）の進展によって、ネットワークに接続されているあらゆるものからデータが収集されます。こうした技術においては、利用者等があまり意識することなく情報を収集されていることも多いし、情報の集積や拡散が容易になってくると、一度広まった情報を後からなかったことにすることも困難になります。プロファイリングだけでなく、削除権やデータ・ポータビリティも、こうした懸念に対応するために考え出された制度です。

　しかし、日本の制度はそもそも、個人情報の内部利用については、本人の意思を反映させる発想がないのに、こういった上澄みの制度だけを導入するということはありえないのではないか。こうした制度は個人データ処理の適法化根拠があって初めて出てくるものです。データ・ポータビリティの制度を開示請求の延長のように考えている人や、削除権を特別の権利のように考えている人が少なからずいますが、これらはすべて個人データ処理に正当な根拠を求める考え方から出てきているものです。GDPRに学ぶのであれば、まず、基本原則や適法化根拠の考え方をどのように導入するのかを考えるべきです。

石井　そこは確かに根本的なご指摘だと思います。特に、GDPRの制度の上澄み部分を導入して、保護レベルを上げたかのように見せることは回避すべきです。一方、プロファイリングにフォーカスした場合、先ほど述べたようにGDPRは主な規律を2つ設けています。異議申立権のほうはオプトアウトの性質を含むので、個人情報保護委員会の「中間整理」が利用停止の拡大に触れている点で、カバーできる可能性はあると思います。

　これに対し、自動処理による不利益決定に服さない権利は、理念としては理解できるし、これからとても重要になると思います。しかし、そもそもGDPRの制度自体に、解釈や運用面で不透明な部分が多いので、仮に日本に導入しようとすれば、まさに上澄みだけになってしまうことが心配

です。

6 ▸ 匿名加工情報と匿名化技術

石井 日本で2015年に個人情報保護法が改正される際には、匿名加工情報の規律のあり方をめぐって多くの議論が交わされました。「中間整理」では仮名化による規律の緩和を論点にあげているようにも読めますが、GDPRと比較した場合に、この点はどのように捉えるべきでしょうか。

小向 GDPRでいう匿名化は、その情報から、ある個人一人が選び出されることを不可能な状態にすることです。その状態にするのは、それぞれの情報が一人の個人と実質的に対応しているかぎり、実現は相当に困難です。日本の個人情報保護法が規定している匿名加工情報はそこまで求めていません。その意味では、GDPRの匿名化と日本の個人情報保護法の匿名加工情報は、性格の違うものです。

　日本では、匿名加工や匿名化の議論が個人情報該当性だけに集中しています。安全管理措置でも言及されることはありますが、個人情報に該当するかしないかということだけが関心事となっている。これはなぜかというと、事後的な利用目的の変更や第三者提供をするためには、個人情報でないものにしてしまわないと実質的にできないからです。

　これに対してGDPRでは、例えば、適法化根拠としての「適法な利益」を認めるか、安全管理措置として十分か、データ保護・バイ・デザインを果たしているか、削除・利用停止に準ずるものとして認めるかどうかなど、匿名化や仮名化の技術を活用できる場合が多面的に捉えられています。こうした技術によって個人情報でなくそうとすれば、それは高いハードルを設けなければなりません。むしろ、個人情報であっても、「適法な利益」と認められるような利用目的については、十分な安全措置（匿名化技術の利用を含む）が施されることなどによって本人の権利への配慮がなされているのであれば、ある程度利用の範囲を広げることを許容する。こう

対談：GDPRと個人情報保護制度の行方　169

した制度のほうが現実的なのではないかと思います。

　日本の企業が個人情報保護法への対応を考える際、企業側は「これは個人情報ではないのではないか」と考える傾向が非常に強いと思います。個人情報保護委員会「『個人情報の保護に関する法律についてのガイドライン』及び『個人データの漏えい等の事案が発生した場合等の対応について』に関するQ&A」平成29年2月16日（平成29年5月30日更新）では、個人情報該当性に関して、「同姓同名の人もあり、他の情報がなく氏名だけのデータでも個人情報といえますか」「住所や電話番号だけで個人情報に該当しますか」「メールアドレスだけでも個人情報に該当しますか」など、「個人情報に当たらないといってほしい」という意図でなされたと思われる質問が数多く並んでいます。特に同姓同名が云々という質問などは、個人的には、真面目に答える必要がないのではないかと思っています。「こんなものは個人情報じゃない」「匿名化したんだから個人情報じゃない」と、いわば「個人情報じゃないもん病」が蔓延していますね。こういう話を15年以上聞いてきて、結構うんざりしています。

石井　そのお気持ちはよくわかります。こうした傾向は、日本人の気質に由来するのか、個人情報保護法が行政取締法規であるからなのか、様々な複合的要因が影響しているかもしれません。2015年個人情報保護法改正の議論が内閣官房で行われた際も、匿名加工情報に論点が集中していて、時間配分のバランスも悪かったように思います。この点だけ見ても、日本の議論が「これは個人情報なのかどうか」という点に振り回されがちであることを表しているように感じます。

7 ▶ 行動規範と認証制度

小向　日本では、プライバシーマーク制度がかなり浸透していることもあり、今回GDPRに導入された行動規範や認証制度に期待している人も多いと聞きます。これについて、今のところあまり具体的なものが出てきて

いない印象を受けますが、日本企業としてはこうした制度を実際に活用できるでしょうか？

石井　GDPRの行動規範や認証制度は、GDPRの適用を受ける事業者にとって、遵守の立証に使うことができます。また仮に制裁金を科されたとしても、その金額を下げられるチャンスを得ることができます。しかしながら、これらの制度は監督機関がみずから認証機関として活動したり、認証機関の認定等に関わったりする点で、プライバシーマーク制度とは大きく異なります。まずはその点を注意する必要があります。日本企業としてGDPRの行動規範や認証制度を利用できるかどうかについては、今のところは慎重に考えた方がよさそうです。

　行動規範や認証制度は遵守証明に役立つほか、第三国移転のソリューションにも使うことができます。その点から言えば、GDPR採択時には私もこれらの制度に期待していました。しかしその後、現地の関係者に話を聞く中で、行動規範や認証制度が新しい仕組みであること、また国によって温度差があるので、EU側の準備が整っていない様子であることを知りました。

　2019年6月段階で、行動規範や認証制度に関するガイドラインは3本ほど採択されています。今後、制度の具体化は進むと思われますが、GDPRの行動規範や認証制度は、日本の第三者認証制度とは別物として捉えるほうが賢明かもしれません。

8▶　域外適用と法執行

石井　グローバル化の進展によって、個人情報が外国で取り扱われることも格段に増えています。EU域内ではGDPRの適用がありますし、域内に拠点がなくとも、EU市民等を対象としてビジネス等を行っていることから、それに関連して取り扱う個人情報には、やはりGDPRの適用があります。これは第三国に大きな負担をかけるルールでもありますが、域外適用のあ

り方については、どのようにお考えでしょうか。

小向　日本の個人情報保護法は、公権力の行使に当たりうる行為については、丁寧に域外適用の規定から除外しています。しかし、GDPRの考え方は、ご指摘のとおりこれとは異なっています。域内では適用があるし、域内に拠点がなくても、EU市民等を対象としてビジネス等を行うことで取得した情報には適用があります。域外適用の場合には代理人を置くことが義務付けられていて、代理人に対しても課徴金を科すことも考えたいという旨がガイドラインに記されています。

　このような状況の中で、少なくとも個人情報保護法の規定上、例えば命令や罰則について、域外適用から除外する必要はないでしょう。国家は、自国の領土以外の領域であっても適用される法律を制定する権限（立法管轄権）を持っています。

　しかし、他国領域内での執行管轄権の行使は、当該国の同意か正当な権限の付与がなければ、主権侵害になると考えられているのは確かです。しかし、どのような行為が自国領域外での執行管轄権の行使として他国の主権侵害となるのかについては明確な基準がありません。また、例えば近年では、競争法の分野で、域外適用が積極的に行われるようになっています（最判平29・12・12第三小法廷等）。

　少なくとも、あらかじめ法律の条文で執行可能性を排除することは一般的ではありません。報告、立入検査、命令、罰則等の適用をあらかじめ条文上で除外する必要はなく、相互主義の観点からも、規定上は域外適用を広く定めるべきです。実際に執行するかどうかは別問題として、自ら最初から手足を縛る必要は全くないでしょう。これを置いたからといって国際問題になることは考えられません。

石井　なるほど、強気のEUに対して日本の法制度が控えめになる必要はない、ともいえそうです。課徴金のあり方は競争法の分野を参考に議論されていますが、課徴金の導入についてはどのようにお考えでしょうか。

小向　GDPRが設定している高額の制裁金は、とても注目を集めました。

「中間整理」では、日本の法制度にある制裁金との違いをあげて慎重な検討が必要だという書き方がされています。個人情報保護委員会が徴収するのであれば、恐らく独禁法違反等に科されている課徴金が、制度としては近いのだと思います。

　独禁法の課徴金とGDPRの制裁金で最も異なる点は、日本の独禁法の課徴金の場合、対象になるビジネスの売上高からいくらになるのかが機械的に決まるということです。規制機関による裁量が入る余地はありません。これに対してGDPRは、さまざまな要素を考慮して裁量的に課徴金額を決定することが想定されています。

　日本の制度では、行政上の措置であることを勘案して、算定の容易さ、透明性、明確性等を重視して、簡明な計算方法をとることにしたのだと言われています。独禁法では、市場への影響は売上に連動するので、このような計算方法もある程度説得的です。個人情報保護法違反の課徴金を、同じように売上を基準に決めると言われると、これに違和感を持つ人もいるでしょう。ただし、乱暴な言い方かもしれませんが、どうにでも解決できるような気もします。むしろ問題なのは、ある程度高額な課徴金を設けないと、本当に企業の個人情報保護対応が進まないのかという点でしょう。

　日本では個人情報保護法に基づく法執行が行われていないこともEUから指摘されています。実際、法執行は少ないですし、罰則はいまだに適用がない。しかし、「中間整理」も指摘しているように、日本企業の個人情報保護意識は一般に高いため、法執行を行うまでもなく解決しているという面もあると思います。今後、外国企業も含めて積極的な法執行を行う必要が出てきたら、それに合わせた課徴金制度を導入するのがよいのではないでしょうか。

石井　日本企業に対して裁量型課徴金制度を導入することは、制度上は可能でしょう。域外適用も入れてしまえば、EU側へのある種の対抗策にもなり得る。ただ、過去の執行実績が乏しい中で制裁金制度を採り入れると、画餅に帰す心配もあり、逆に、日本の事業者を萎縮させることになりかね

ません。いずれにせよ、導入すると波及効果の大きい制度ですので、例外規定を含めてよく議論を重ねる必要がありそうです。

まとめ

小向 GDPRは、日本国内だけで事業を行っている企業に対しても、顧客にEU市民が含まれていれば、強力な執行が行われる可能性があります。本文にも書いたように、あまり過剰に反応する必要はありませんが、少なくともGDPRの適用について、自社の考えを明確にしておくべきだと思います。

石井 同感です。また、GDPRについては、日本法とは異なる意味で同じ言葉が使われる場合があります。例えば同意概念や認証制度がそれに当たります。日本法の発想でGDPRを理解しようとすると、落とし穴にはまることがありますので、慎重に読み解く必要があります。今回は共同執筆にお声がけ頂きありがとうございました。1人では発見できない視点に気付くことができて、大変勉強になりました。

小向 執筆中は、引き受けたことを後悔されていたのではないでしょうか。おかげさまで、コンパクトながらバランスの良い本になったと思います。こちらこそ、ありがとうございました。

お わ り に

　本書は、法律や個人情報保護の専門家ではない一般読者に向けて、GDPRの制度概要をできるだけわかりやすく解説した概説書である。「はじめに」でも述べたように、GDPRについては、すでに数多くの書籍や雑誌が刊行されているが、そこで説明されている内容は、抽象的であったり難解であったりすることが多いのではないかと感じていた。そこで本書では、日本の読者がいますぐに知りたいことを、できるだけ端的に説明することを目指した。

　とはいえ、言うは易く行うは難しである。まず、日本の法律とは体系の異なる外国法をわかりやすく解説することは、困難を極める。特に、多数の構成国からなるEU法は極めて複雑であり、個人情報保護法の分野も例外ではない。また、EUの個人情報保護法には、GDPRだけではなく、刑事犯罪の予防、捜査、訴追や刑事罰の執行を目的とする刑事司法指令、GDPRの特別法である電気通信プライバシー規則案（現在は指令）がある。GDPRは、EUにおける個人情報保護法の最重要かつ基本となる法であるが、同時に、個人情報保護法制の一部を構成するものでしかない。

　さらに、GDPRは動的な法制度である。欧州委員会は、GDPRの評価や見直しに関する報告書を、欧州議会および閣僚理事会に提出することになっており、報告書は、初回は2020年5月25日まで、その後は4年ごとに作成・公表される。したがって、制度変更にも常に注意を払わなければならない。

　GDPRには、その解釈を記したガイドラインが多数採択され、想定例を含む詳細な考え方が示されており、随時新たなガイドラインの公表や既存のガイドラインの改訂がなされている。本書では、重要なガイドラインをできるだけ網羅するように努めたが、今後も次々と新しいガイドラインが公表さ

れるだろう。GDPR関連の業務に携わる読者の皆様には、地理的適用範囲に関するガイドライン、同意に関するガイドラインなど、必須のものには直接アクセスして頂き、また、新たなガイドラインの公表状況にも目を向けることをお勧めしたい。

　本書ではこのような複雑かつ流動的なGDPRを、少しでもすんなりと理解して頂くために、読者が関心を寄せると思われるポイントを絞り込み、「GDPRとは何か」「GDPRの規制内容」「法執行の仕組みと求められる具体的対応」という三部構成で、コンパクトに説明することを心がけた。各項目の冒頭にポイントをまとめ、読者が要点を一目で捉えられるようにしたほか、随所に図表等を挿入するなど、視覚的にも理解を促す工夫をしたつもりである。また、本文だけでは伝えにくかった筆者たちの問題意識を、巻末に対談の形で掲載している。

　なお、本書の執筆にあたっては、「はじめに」「1.1　GDPRはなぜ導入されたのか」「1.2 GDPRの構成と規制対象」「1.3　誰が影響を受けるのか」「2.1　基本的な考え方」「3.3　国内企業に求められる対応」の原案を小向が、「2.2　GDPRによって保護されている権利」「2.3　管理者の義務」「3.1　執行体制」「3.2　制裁措置」「おわりに」の原案を石井が、それぞれ作成して、互いに加筆・修正を加える形をとっている。

　最後に、本書の刊行にあたって、著者2人の指導教授である堀部政男前個人情報保護委員会委員長・一橋大学名誉教授より推薦の言葉を賜ったことに心より深謝する。また、NTT出版の宮崎志乃氏に丁寧な編集作業を行って頂いたことに感謝を申し上げたい。

　本書が、GDPRの及ぼす影響に漠然とした不安を抱えている読者にとって、少しでもその解消に役立つことができれば幸いである。

小向太郎＋石井夏生利

索　引

▶ ア行

アクセス権　81
暗号化　105
安全性　105
安全保護措置　105
異議申立権　93
意見（Opinion）　18
ウェブサイト　35, 63, 69, 155, 160
越境データ移転　41, 154
欧州基本権条約　15
欧州司法裁判所　83
欧州データ保護会議（EDPB）　25, 138
欧州データ保護観察官（EDPS）　139
オンライン・サービス　54, 66, 157
オンライン・ショップ　61, 157

▶ カ行

仮名化　30, 105
カリフォルニア州消費者プライバシー法　21
勧告（Recommendation）　18
間接取得　80
完全な独立性　133
観測データ　89
監督機関　132
管理者　27, 99
管理者の責任　100
関連する論理に関する意味ある情報　98
規則（Regulation）　18

95年個人データ保護指令　15, 25, 45
競争法　91
共同管理者　102
協力及び一貫性　136
許可　134
拠点　34
苦情申立権　140
携帯電話番号　29
契約の締結・履行の必要性　53
決定（Decision）　18
公的機関または団体　124
公共の利益・公的権限の遂行　55
拘束的企業準則（BCRs）　41, 43, 154
行動規範　41, 45, 149, 154
行動ターゲティング　54, 155
国内犯処罰　39
個人データ　28
子供の個人データ　64
子供の情報　153

▶ サ行

最小化　58
削除権（「忘れられる権利」）　82, 153
識別子　28
事前の協議　114
執行管轄権　39
執行例　150
自動処理による個人に関する決定　94
司法的救済の権利　140
従業員　58, 61, 153

十分性認定　41, 42, 154
消費者プライバシー　20
情報セキュリティを確保する目的　59
情報提供義務　79
助言　134
処理　52
処理者　27, 99, 102
処理制限への権利　83
処理の記録　104
指令（Directive）　18
推測データ　89
スノーデン事件　21
制裁金　38, 39, 46, 73, 140, 141
生命に関する利益保護　54
是正権限　134
説明責任　50
センシティブ情報　58, 65, 153
喪失　108

▶　タ行

第29条作業部会　25
代理人　37, 38, 159
中心的業務　124
調査　134
直接取得　79
地理的適用範囲　33, 72
定期的かつ体系的な監視　126
訂正権　81
データ侵害通知　25, 106, 153
データ・ポータビリティ　25, 86, 153
データ保護影響評価（DPIA）　101, 113, 117
データ保護責任者（DPO）　38, 121, 134
データ保護・バイ・デザイン　25, 100
データ保護・バイ・デフォルト　25, 100
データ保護プライバシー・コミッショナー国
　　際会議（ICDPPC）　19
適法化根拠　153
適法な利益　57
デジタル単一市場　17, 92

電気通信メタデータ　72
同等の制裁　144
透明性　50, 58, 75, 76
特別の状況がある場合の例外　41, 47, 66
匿名化　30, 58
匿名加工情報　31

▶　ナ行

認証　41, 46, 154
認証制度　149

▶　ハ行

賠償請求権　140
破壊　108
派生データ　89
破損　108
非個人データ　92
人の介入　97
標準契約条項（SCC）　45
標準データ保護条項（SDPC）　41, 44, 154
フェイスブックの情報漏えい事件　21
プライバシー影響評価（PIA）　101
プロファイリング　36, 66, 94, 113, 153
法的義務　54
補完的ルール　32, 154
本人の同意　52

▶　マ行

明示的同意　48, 64, 65
メールアドレス　29
モニタリング　36, 154, 155, 160

▶　ヤ行

要配慮個人情報　67
リスクベースのアプローチ　99, 101, 129

▶ ラ行

立法管轄権　39
類似の重大な影響　97
連邦取引委員会（FTC）　20

▶ ワ行

ワンストップ・ショップ　137

▶ ABC

CNIL（Commission Nationale de l'Informatique et
　des Libertés）　150
cookie　29, 68, 156, 160
EU 基本権憲章　15, 84
EU 機能条約　17
EU 条約　17
e プライバシー規則案　71, 156, 160
e プライバシー指令　68, 156
IP アドレス　29

▶ 著者略歴

小向太郎 (こむかい・たろう)

日本大学危機管理学部教授。専門は情報法。1990年代初めから、情報化の進展によってもたらされる法制度上の問題をテーマとして幅広く研究を行う。早稲田大学政治経済学部卒、中央大学大学院法学研究科国際企業関係法専攻博士後期課程修了、博士（法学）。情報通信総合研究所取締役・法制度研究部長、早稲田大学客員准教授等をへて現職。主著に、『情報法入門：デジタル・ネットワークの法律［第4版］』(NTT出版、2018年)、『情報通信法制の論点分析』（共著、商事法務、2015年)、『プライバシー・個人情報保護の新課題』（共著、商事法務、2010年）など。

石井夏生利 (いしい・かおり)

中央大学国際情報学部教授。専門はプライバシー、情報法。東京都立大学（現首都大学東京）法学部卒、中央大学大学院法学研究科国際企業関係法専攻博士後期課程修了、博士（法学）。2004年11月以降、情報セキュリティ大学院大学助手、助教、講師、准教授、筑波大学図書館情報メディア系准教授を経て、現職。主著に、EUの個人情報保護法制を取り上げた『個人情報保護法の理念と現代的課題：プライバシー権の歴史と国際的視点』（勁草書房、2008年)、『個人情報保護法の現在と未来：世界的潮流と日本の将来像』（勁草書房、2014年)、同新版（勁草書房、2017年）など。

概説 GDPR
—— 世界を揺るがす個人情報保護制度

2019年9月3日　初版第1刷発行
2024年8月31日　初版第4刷発行

著者　　　　小向太郎＋石井夏生利

発行者　　　東明彦
発行所　　　NTT出版株式会社
　　　　　　〒108-0023
　　　　　　東京都港区芝浦3-4-1 グランパークタワー
　　　　　　営業担当：Tel. 03（6809）4891
　　　　　　　　　　　Fax. 03（6809）4101
　　　　　　編集担当：Tel. 03（6809）3276
　　　　　　https://www.nttpub.co.jp

デザイン　　米谷豪

印刷・製本　株式会社デジタルパブリッシングサービス

©KOMUKAI Taro & ISHII Kaori 2019 Printed in Japan
ISBN 978-4-7571-2381-6 C0033

乱丁・落丁本はおとりかえいたします。
定価はカバーに表示しています。